Ullstein

ÜBER DAS BUCH:

Der Däne Willy Breinholst gehört zu den erfolgreichsten Autoren der Welt. Über 60 Millionen Leser aus mehr als 100 Ländern hat er bereits zum Schmunzeln und Lachen gebracht.
Mit bis zu sechs Taschenbüchern war er länger als 400 Wochen in der Bestsellerliste vertreten – ein Rekord, mit dem er in das Guinness-Buch einzog.
»Mit Humor«, sagte der Autor, »wäre die ganze Weltgeschichte wohl doch etwas anders verlaufen . . .«
Die in diesem Band versammelten Geschichten zeigen, daß auch in der Ehe mit Humor alles viel besser geht. Ob es um eine nervenaufreibende Abmagerungskur geht oder um das Fernsehprogramm – die richtige Portion Heiterkeit sorgt wieder für Entspannung.

Willy Breinholst

Der perfekte Ehemann

Mit Illustrationen von Léon van Roey

Ullstein

Ullstein Buchverlage GmbH,
Berlin
Taschenbuchnummer: 24052
Titel der englischen Ausgabe:
The perfect husband

Deutsche Erstausgabe
März 1997

Umschlagentwurf:
Hansbernd Lindemann
Illustration:
Léon van Roey

Printed in Germany 1997
Druck und Verarbeitung:
Ebner Ulm
ISBN 3 548 24052 6

Gedruckt auf alterungs-
beständigem Papier mit
chlorfrei gebleichtem Zellstoff

Vom selben Autor
in der Reihe
der Ullstein Bücher:

Bitte 3x lächeln täglich (23011)
Ein kleines Lächeln
verschönt den Tag (23658)
Hallo – schalten Sie mal ab (23581)
Herrlich verrückt – oder? (23766)
Hilfe, meine Frau versteht mich
(23916)
Ich werde es nie lernen,
die Frauen zu verstehen/
Die byzantinische Madonna (24092)
Ja – nein – natürlich, Liebling!
(24048)
Kiss your wife/Schenk der Welt
ein Lächeln (23807)
Liebe – find ich gut! (23168)
Rutsch zur Seite, Liebling . . ./
»Sie wohnen aber schön hier!«
(23683)
Schenk der Welt ein Lächeln (23310)
Wie wär's denn mit Humor? (23449)

Die Deutsche Bibliothek –
CIP-Einheitsaufnahme

Breinholst, Willy:
Der perfekte Ehemann / Willy
Breinholst. – Dt. Erstausg. – Berlin :
Ullstein, 1997
(Ullstein-Buch ; Nr. 24052)
ISBN 3-548-24052-6
NE: GT

Inhalt:

Liebe Tante Constance!

Vor kurzem erhielten wir einen Brief meiner alten Tante Constance. Sie wohnt in einer ganz anderen Ecke unseres Landes, und wir hatten sie mehrere Jahre nicht gesehen. Jetzt aber schrieb sie, daß sie uns gern für etwa eine Woche besuchen wollte, weil es inzwischen sehr lange her war, daß sie uns gesehen hatte, aber auch weil sie sich bei einem Spezialisten einen Abdruck für ihre neuen Zähne machen lassen wollte, und in ihrer Heimatstadt war ihr kein Zahnarzt gut genug. Sie ging davon aus, schrieb sie weiter, daß es etwa eine Woche dauern würde, bis die Zähne fertig wären, und es wäre doch schön, wenn sie in dieser Zeit bei uns bliebe, bis sie die dritten ausprobiert hatte und ganz sicher war, daß sie auch richtig angepaßt waren.

Als Tante Constance uns vor vielen Jahren das letzte Mal besuchte, wohnten wir in sehr viel bescheideneren Verhältnissen. In den drei Wochen, in denen sie bei uns wohnte, mußte ich tatsächlich in der Badewanne schlafen – sie war gekommen, um sich neue Einlagen anpassen zu lassen, weil ihr Fußwurzelknochen abgesunken war – oder jedenfalls etwas in dieser Richtung –, aber der Bandagist mußte immer wieder etwas von den Einlagen abschleifen, weil sie nicht paßten, und deswegen dauerte der Besuch so lange. Aber jetzt brauchte Marianne mir nicht das Bett in der Badewanne zu richten, denn jetzt hatten wir ein Gästezimmer und somit ausreichend Platz, um einen Gast zu beherbergen, aber trotzdem hätte ich gern diesen Kerl zur Rede gestellt, der ihr erzählt hatte, daß sie bei uns wohnen könnte.

Gestern steckte Marianne ihren Kopf in mein Arbeitszimmer. »Hast du an Tante Constance geschrieben?«

Gestern steckte Marianne ihren Kopf in mein Arbeitszimmer.

»Hast du an Tante Constance geschrieben?«

Das hatte ich noch nicht.

»Ich werde aber daran denken.«

»Du mußt ihr unbedingt heute schreiben. Du kannst es einfach nicht noch weiter vor dir herschieben. Aber schreibe bitten einen lieben und herzlichen Brief. Nicht so kurz angebunden, daß bei ihr der Eindruck entsteht, wir würden es lieber sehen, wenn sie gar nicht erst kommt. Ich möchte den Brief lesen, wenn du ihn geschrieben hast, du brauchst also gar nicht erst zu versuchen ...«

Und so weiter ... und so weiter.

Es führte kein Weg daran vorbei. Marianne möchte nicht, daß man ehrlich und redlich an seine Verwandten schreibt, daß unser Haus kein Hotel für Besucher aus der Provinz ist, die mal in die Hauptstadt kommen. Nein, man muß gastfreundlich sein, herzlich, lächelnd und überströmend ... und erst wenn die Verwandten abgereist sind, kann man sich erlauben, in einen Sessel zu sinken und zu stöhnen:

»Gott sei Dank ... endlich sind sie abgereist!«

Also spannte ich einen Bogen meines privaten Briefpapiers in die Schreibmaschine und begann:

»Liebe Tante Constance! Vielen Dank für Deinen Brief. Es ist lieb von Dir, daß Du uns besuchen willst. Wir haben ja viele Jahre nichts voneinander gehört. Inzwischen haben wir ja auch ein Haus mit einem großen Gästezimmer, das sowieso meist leersteht. Nun ja, das heißt – Benny beherbergt dort seine weißen Mäuse, aber diese lieben kleinen Geschöpfe tun keiner Katze was zuleide, obwohl sie im Zimmer frei herumlaufen.

Also spannte ich einen Bogen meines privaten Briefpapiers in die Schreibmaschine und begann: »Liebe Tante Constance!«

Aus Tierliebe will Benny sie nicht in einen Käfig sperren, und Du mußt Dir nichts dabei denken, wenn sie einmal über die Decke flitzen sollten, sobald Du Dich ins Bett gelegt hast. Das wird überhaupt kein Problem, liebe Tante, Du und die Mäuse werden schon noch gut miteinander auskommen. Benny hat sich übrigens sehr gefreut, als er hörte, daß Du uns besuchen willst. ›Dann kann ich ihr alle meine Beat- und Hard-Rock-Platten vorspielen, so richtig in voller Lautstärke‹, sagte er. ›Vielleicht kriege ich sie ja auch mit auf den Fußballplatz, wenn ihr Ruhe im Haus und mich los sein möchtet.‹ Ich muß dazu sagen, liebe Tante, daß Benny jetzt eine Elektrogitarre hat, und es gehören starke Elternnerven dazu, sich Tag und Nacht dieses Geklimpere und Gezupfe anzuhören, manchmal ist es so, daß sich die Töne direkt ins Gehirn fressen. Du hast doch sicher nichts dagegen, daß er in Deinem Zimmer übt? Er behauptet nämlich, daß dort die beste Akustik herrscht. Übrigens strahlte auch Marianne wie eine Sonne, als sie hörte, daß Du zu uns kommst. Sie hat so viele Strümpfe liegen, die gestopft werden müssen, und auch bei der sonstigen Hausarbeit ist eine Menge liegengeblieben. Großreinemachen und so weiter. Aber zu zweit werdet Ihr es schon schaffen.

Ja, liebe Tante, ich kann Dir sagen, daß wir uns alle auf Deinen Besuch freuen. Aber eine Woche ist doch viel zuwenig, findest Du nicht auch? Bleib doch ein paar Wochen oder einen Monat, dann kannst Du auch den Garten richtig genießen. Wir haben einen herrlichen, großen Rasen. Bei gutem Wetter kannst Du viel Zeit damit verbringen, ihn zu mähen. Unser Motormäher hat zwar seinen Geist aufgegeben, aber wir haben ja noch einen alten Handmäher. Er geht zwar schwer wie eine

Dampfwalze, aber wenn Du es nicht schaffst, kannst Du die Grashalme ja immer noch mit Deinen neuen Zähnen abbeißen? Ha-ha! Aber das ist natürlich nur Spaß. Wie Du vielleicht noch weißt, lebe ich davon, lustig und humorvoll zu sein. Langer Rede kurzer Sinn, meine liebe Tante, am kommenden Sonntagabend bist Du herzlich willkommen. Solltest Du wider Erwarten verhindert sein, schick uns bloß ein paar Worte. Ich lege einen Freiumschlag mit Porto für eine Eilzustellung bei.

Herzlich willkommen, liebe Tante, und von uns allen die herzlichsten Grüße . . .«

Ich zeigte Marianne den Brief, als sie gerade am Staubsaugen war.

»Willst du den Brief lesen, bevor ich ihn einwerfe?«

»Im Augenblick kann ich nicht. Du siehst doch, daß ich am Staubsaugen bin. Was hast du geschrieben?«

»Daß sie herzlich willkommen ist, daß Benny sich freut, daß du dich freust, daß wir alle uns freuen. Kein einziges böses Wort. Du kannst es die gerne ansehen . . .«

»Ich glaube dir, wenn du es sagst. Wirf den Brief ein.«

Ich brachte den Brief zum Postamt. Ich mußte ihn als Paket abschicken, weil ich noch einige von Bennys kleinen weißen Mäusen eingefangen und sie in einen Schuhkarton mit Luftlöchern und reichlich altem Käse als Proviant gesteckt hatte. In aller Eile hatte ich noch ein paar nette Worte geschrieben, daß ich meinte, bevor sie käme, sollte sie noch Gelegenheit haben, sich mit den kleinen, niedlichen Geschöpfen vertraut zu machen.

Wenn eine davon unter einen ihrer vielen Röcke kriecht, wird sie sicherlich in lautes und gesundes Lachen ausbrechen . . . Aber vielleicht kann sie gar nicht lachen, bevor sie ihre neuen Zähne hat?

Aber . . .

Man kann im Laufe seines Lebens die merkwürdigsten Entdeckungen machen. Zum Beispiel habe ich entdeckt, daß das kleine Wort »aber« einem alles zerstören, dem Dasein den Glanz nehmen, einem die gute Laune verderben, kurz, das Leben versauern kann. Es wirkt so klein und unschuldig, gleichwohl kann es einem immer wieder das Rückgrat brechen, kann eine vorerst freudige und positive Situation schließlich finster und bedrückend erscheinen lassen.

Lassen Sie mich ein paar Beispiele anführen, und Sie werden verstehen, warum ich dieses kleine Wort nicht ausstehen kann.

In der Post fand ich heute morgen einen Brief vom Finanzamt. An und für sich braucht so ein Brief einem nicht die gute Laune zu verderben. Es soll schon Steuerzahler gegeben haben, die ihre Steuererklärung zu ihren Gunsten geändert bekamen, ja, ich selbst habe sogar einmal 3,50 DM zurückerhalten, die ich aus Versehen zuviel eingezahlt hatte. Man sollte sich also nur mit Vorsicht der allgemein herrschenden Auffassung anschließen, daß alle Finanzbeamten Blutsauger seien.

In diesem speziellen Fall wußte ich sogar, worum es sich handelte. Ich hatte herausgefunden – nach einer Tabelle, die in der Morgenzeitung abgedruckt war –, daß man meine Gemeindesteuer um mehr als tausend Mark zu hoch angesetzt hatte, und das hatte ich natürlich beanstandet.

Voller Erwartung riß ich den gelben Umschlag auf und las:

In der Post fand ich heute morgen einen
Brief vom Finanzamt . . .

»Unter Bezugnahme auf Ihr Schreiben vom 17. d. M., worin Sie um eine Überprüfung der Ihnen obliegenden Gemeindesteuer bitten, indem Sie meinen, daß die Steuerveranlagungsbehörde 1901,02 DM zuviel berechnet habe, wird Ihnen hierdurch mitgeteilt, daß die von Ihnen benutzte Tabelle zur Berechnung der Gemeindesteuer zwar grundsätzlich Geltung hat, aber . . .« Man brauchte überhaupt nicht weiterzulesen, was dem kleinen Wort »aber« folgte. Es war nicht der Mühe wert. Man konnte ebensogut das Papier zerknautschen und in den Papierkorb werfen und sich sagen, daß es also doch nicht funktionierte.

Ein anderes Beispiel. Man ist voll mit seiner Arbeit beschäftigt, da steckt Marianne den Kopf zur Tür herein.

»Nett, daß du die Trockenschleuder auf den Boden geschleppt hast und die alte Kommode in den Keller, aber . . .«

Kapiert! Sie braucht keinen Ton mehr zu sagen. Das kleine »aber« hat mir schon verraten, daß die Trockenschleuder in den Keller und die Kommode auf den Boden sollte.

Das nächste ist eins der zahlreichen Beispiele, die Geld kosten, so sicher wie das Amen in der Kirche, sobald das kleine Wörtchen »aber» in der Luft schwebt.

Unser Fernseher streikte, und ich rief einen Monteur an.

»Ist da noch was zu machen?« fragte ich vorsichtig, als er eine Zeitlang daran rumgefummelt hatte.

»Natürlich ist da was zu machen«, sagte er, »alles ist zu machen, aber . . .«

Nicht wahr? Langsam wird Ihnen klar, wie häßlich das kleine Wort »aber« in Wirklichkeit ist. Oder sollen wir sicherheitshalber noch ein paar Beispiele anführen?

Ich war zum Arzt gegangen, weil es mir an der einen Seite etwas weh tat, wo das Herz sitzt, sicher Muskelzerrungen . . .

Ich war zum Arzt gegangen, weil es mir an der einen Seite etwas weh tat, wo das Herz sitzt, sicher Muskelzerrungen. Vielleicht konnte ich ein bißchen Salbe draufschmieren, und er konnte mir Massage verordnen. Als er mich untersucht hatte, sagte er:

»Natürlich wiegen manche Leute noch mehr als Sie, und ich kenne auch viele Beispiele, daß Leute mit Übergewicht ganz gut leben und sogar 70 oder 80 Jahre alt werden, und schließlich kann Ihnen auch keiner so viel Essen und Trinken und Rauchen verbieten, aber . . .«

Ich hasse dieses kleine Wort, ich verabscheue es. Wenn es einen Hals hätte, würde ich ihm den ohne Bedenken umdrehen. Auch bei kleineren, unschuldigeren Anlässen kann einem das »aber« auf die Nerven gehen. Hier einige Beispiele in bunter Reihenfolge:

Bei einem meiner monatlichen Pokerabende im Club klatschte ich triumphierend drei Damen und drei Buben auf den Tisch und wollte gerade den ganzen Einsatz kassieren, als ein Mitspieler sagte:

»Aha, feines Blatt! Eigentlich hättest du den Einsatz verdient, aber . . .«

Das Telefon klingelt. Es ist die Bank.

»Wir haben soeben einen Scheck erhalten, ausgestellt von Ihrer Gattin, an das Modehaus Fix. Der Scheck ist zwar korrekt ausgefüllt und unterschrieben, aber . . .«

So könnte ich ewig weitererzählen. Glauben Sie aber ja nicht, daß ich ein Sonderfall wäre. Das kleine Wort »aber« benimmt sich Ihnen gegenüber keineswegs besser, obwohl Sie vielleicht nie darüber nachgedacht haben . . . Verzeihung. Moment mal! Es klingelt an der Tür.

Das war die Post mit einem Brief meines schwedischen Verlegers. Ich hatte ihm neulich das Manuskript zu meinem neuen Buch geschickt, und er scheint recht begeistert zu sein.

Er schreibt: »Mit großem Interesse habe ich das Manuskript zu DER HERR DER SCHÖPFUNG durchgelesen. An mehreren Stellen finden sich köstliche Episoden, zahlreiche Passagen wirken überraschend und gut geschrieben, und ich habe bei der Lektüre auch zuweilen laut gelacht, aber ...«

Wirklich eine Delikatesse

Pilze haben zu allen Zeiten eine bedeutende Rolle gespielt, sowohl in der freien Natur als auch in der Küche des Menschen. Bereits in der altrömischen Kaiserzeit galten erlesene Pilze, die sogenannten Großpilze, als eine Delikatesse. In unserer heutigen Zeit ißt man Pilze besonders gern in Japan, Rußland, Italien und in etlichen anderen Ländern – in welchen, fällt mir im Moment nicht ein. In unseren Breiten ist man etwas zurückhaltender mit Pilzen. Hat man einmal einen supergiftigen Fliegenpilz gegessen und alle Auspump-Prozeduren im Krankenhaus überlebt, dann dauert es eine Zeit, bevor man sich wieder an einen Tisch setzt, auf dem gedünstete Pilze in Madeira-Sauce serviert werden.

Onkel Theodor war vom Lande auf Besuch gekommen, und zur Feier des Tages servierte Marianne mehrere Gänge zum Essen.

»Was gibt es denn?« fragte ich gespannt.

»Buchweizengrütze mit gekochten Äpfeln.«

»Buchweizengrütze«, wiederholte ich leicht beklommen.

Ich hätte gern noch weitere Kommentare abgegeben, schluckte sie aber mit Rücksicht auf unseren Gast hinunter.

»Ein gutes und nahrhaftes Essen«, lobte Onkel Theodor.

»Danke, nur einen Löffel für mich«, bremste ich Marianne, als sie mir eine Riesenportion auffüllen wollte.

Vorsichtig nippte ich daran. »Mir scheint, die Grütze ist eine Idee angebrannt«, bemerkte ich.

»Ah!« rief ich. »Gedünstete Pilze in Madeira-Sauce! Das läßt sich essen!«

»Ach was, dummes Zeug, verschone mich mit deiner Nörgelei!«

Ich verschonte sie. Ich sagte kein Wort, bis Onkel Theodor seinen Teller geleert hatte. Marianne trug die Teller ab und erschien mit dem Hauptgericht.

»Ah!« rief ich mit strahlender Miene. »Gedünstete Pilze in Madeira-Sauce! Das läßt sich essen! Pilze waren schon immer mein Leibgericht. Wußtet ihr übrigens, daß Kaiser Augustus für andalusische Pfifferlinge schwärmte?«

Sie wußten es nicht.

»Na, dann wißt ihr es jetzt.«

Onkel Theodor füllte sich seinen Teller mit äußerster Vorsicht. Offenbar war er nicht an kulinarische Leckerbissen gewöhnt. Na, und wenn schon ... um so mehr konnte ich mich ranhalten.

»Der Gemüsemann hatte gerade eine Kiste frischer Pilze bekommen ... sie kosten ja ein Heidengeld, aber du fragst so oft, warum wir nie Pilze essen, und da dachte ich, ich wollte dir eine Freude machen ...«

»Du bist ein Schatz«, lobte ich sie und packte mir den Teller bis an den Rand voll.

»Nimm lieber nicht zuviel, damit du keine Bauchschmerzen kriegst, Pilze sind schwer verdaulich.«

Ich aß, als bekäme ich dafür bezahlt.

»Hm«, grunzte ich kauend, »phantastisch!«

»Das hat wunderbar geschmeckt«, ließ sich auch Onkel Theodor hören und schob den Teller von sich.

»Wirklich eine Delikatesse«, nickte ich Marianne milde zu, »ausgezeichnete Pilze, groß und fest, die Haut fein abgezogen, ohne Lamellen und die Stiele sorgfältig gereinigt.«

»Du bist eine wahre Kochkünstlerin, Marianne«,

»Das sind die Pilze«, meinte Marianne, »schnell ins Krankenhaus und den Magen auspumpen!«

schwärmte ich, »gib mir doch bitte noch etwas Madeira-Sauce.«

Erst nach der dritten Portion konnte ich keinen Bissen mehr runterkriegen. Nach dem Dessert setzten wir uns in den Rauchsalon und qualmten ein paar Zigaretten. Und dann ging es los. Plötzlich wurde ich von heftigen Magenkrämpfen geschüttelt. Der Schweiß trat mir auf die Stirn. Als ich aufstehen wollte, knickten mir die Beine weg.

»Mir wird so schlecht«, murmelte ich.

»Das sind die Pilze«, meinte Marianne, »es muß ein giftiger Fliegenpilz dazwischengewesen sein ... schnell ins Krankenhaus und den Magen auspumpen!«

Onkel Theodor lockerte meinen Schlips und knöpfte mein Hemd auf, während ich schweißgebadet am ganzen Körper zitterte.

Und Marianne tat sofort das, was jede andere Hausfrau in so einer Situation ebenfalls getan hätte. Sie stürzte ans Telefon, riß den Hörer von der Gabel und wählte schnell eine Nummer. Dann rief sie empört:

»Jetzt will ich Ihnen mal was sagen, bester Gemüsemann, für die Pilze habe ich über fünf Mark das Pfund bezahlt ...«

Die Abmagerungskur

Ich habe mir jetzt ein paar Dosen Ananas gekauft. Ich mache nämlich eine Abmagerungskur. Vorher habe ich einen Versuch mit Bier gemacht, aber die Kur war zu intensiv. Nach kaum einer Woche schlug sie mir die Beine unter dem Körper weg.

Dann hörte ich von der Ananaskur. Sie besteht darin, daß man eine Dose Ananas in den fünften Stock hinaufrollt. Dreißigmal pro Tag! Anschließend rollt man sie wieder hinunter. Dann muß man abwarten, wer zuerst unten ist, die Ananasdose oder man selbst.

Während der Kur darf man natürlich weder essen noch trinken. Dem Alkohol muß man ebenfalls aus dem Wege gehen. Aber niemand wird etwas dagegen einwenden, wenn man ein Wiegenlied singt oder ein Volkslied pfeift.

Der Umgang mit Frauen schadet der Kur ebenfalls nicht. Natürlich darf man sich dabei nicht zu sehr verausgaben. Man muß sich hauptsächlich auf das Rollen der Ananasdose konzentrieren.

Ein Bekannter von mir hatte mit der Ananaskur einen Bombenerfolg. Heute ist er so schlank, daß auf seinem neuen Pyjama nur noch Platz ist für einen einzigen Streifen.

Oft denke ich an meinen alten Freund Gustav. Er ist vernarrt in gutes Essen. Trotzdem ist er schlagartig 160 Pfund losgeworden, weil ihm seine Frau durchgebrannt ist. Gustav wiegt übrigens 120 Kilo, im Rohzustand, versteht sich. Das kostete ihn hundert Mark Geldstrafe. Er hatte sich mitten im Hauptbahnhof auf die Waage gestellt.

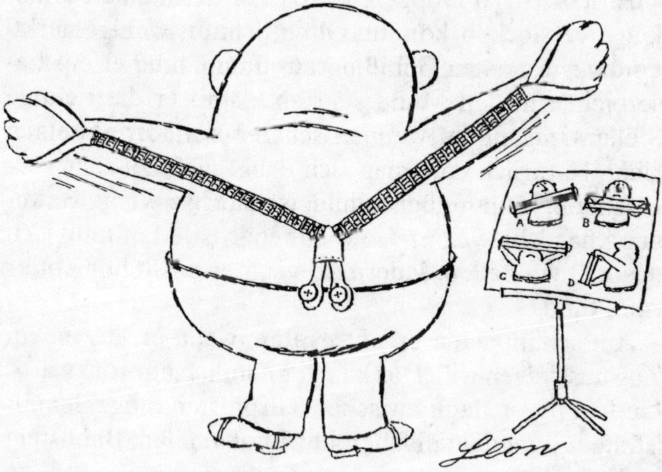

Oft denke ich an meinen alten Freund Gustav. Der wiegt 120 Kilo, im Rohzustand . . .

Er schläft stets mit offenem Mund. Seine Gesichtshaut ist so straff, daß sich sein Mund ganz von selbst öffnet, sobald er die Augen schließt.

Es gibt nur ein einziges Stück, das er nicht nach Maß anfertigen lassen muß: seinen Regenschirm. Im vergangenen Sommer zog ein Pfadfindertrupp durch die Lüneburger Heide, die benutzte sein altes Nachthemd als Zelt.

Als Gustav am allerdicksten war, wurde er von einem Moped angefahren. Mitten auf einem Zebrastreifen.

»Konntest du denn nicht um mich rumfahren?« stöhnte Gustav.

»Ja«, sagte der Mopedfahrer, »wenn ich genug Benzin im Tank hätte!«

Er hat so viel Doppelkinn, daß er darin eine Perlenkette verstecken könnte. Ohne Schnur, wohlgemerkt. Und wenn er sein Gebiß herausnimmt, muß er ein Lesezeichen in den Mund stecken, damit er die richtige Stelle wiederfindet, wenn er das Gebiß wieder einsetzen will.

Aber er ist ja selber schuld, wenn er so wenig Bewegung hat, obgleich er Gewichtheber ist. Man muß sich das mal vorstellen: Jedesmal, wenn er aufsteht, hebt er 240 Pfund.

Am schlimmsten ergeht es ihm, wenn er aus einem Zug aussteigen will. Das kann er nämlich nur rückwärts. Und wenn er dann zwischen Türpfosten eingeklemmt ist, steht irgendein hilfsbereiter Idiot auf dem Bahnsteig und schiebt ihn wieder in den Zug zurück.

Ehe er den Hauptbahnhof Hannover verlassen konnte, war er schon zweimal nach Hamburg weitergefahren, ganz unfreiwillig. Vielleicht sollte ich doch mal eine Pause einlegen bei meiner Ananaskur. Man kriegt

Ananas einfach satt, es sei denn, man rundet die Kur ein wenig ab, zum Beispiel mit einer Dose Rotkohl. Und einer gebratenen Ente.

Mein Hausarzt empfahl mir kürzlich, lieber einen Apfel zu essen, wenn ich mal etwas Abwechslung nötig hätte. Das würde mir auch zu einer frischeren Gesichtsfarbe verhelfen.

»So viele Äpfel?« fragte ich besorgt. »Kann mein Magen soviel Apfelsäure überhaupt vertragen?«

»Versprechen Sie mir jedenfalls, daß kein Alkohol mehr auf Ihren Tisch kommt?«

»Keine Sorge, Herr Doktor!« erwiderte ich. »So etwas kann mir nicht passieren. Ich passe stets höllisch auf, wenn ich mir Schnaps einschenke!«

Nun trinke ich also Tee ohne Rum und Kaffee ohne Kognak. Ja, ich bin hart gegen mich selbst.

Wenn ich die Ananaskur noch vierzehn Tage durchhalte, ohne davon krank zu werden, kann ich weitere fünf Kilo abnehmen. Dann wäre ich so dünn, daß ich die Haustür gar nicht mehr aufzuschließen brauche, sondern direkt durch den Briefkastenschlitz in den Flur falle, ohne daß es meine Frau merkt.

Aber die Abmagerungskur beginnt bereits abzufärben. Kürzlich, als ich wieder einmal mit meiner Ananasdose auf dem Weg zum fünften Stock war, begegnete ich Kurt-Heinrich aus dem Erdgeschoß, der ein kleines Bierfaß abwärtsrollte.

»Was machst du denn hier?« fragte ich und verpustete mich ein wenig.

»Siehst du das denn nicht? Ich bin auf dem Weg nach unten!«

Dann setzten wir uns auf eine Treppenstufe und genehmigten uns ein paar Glas Bier aus dem Faß. Eine

Wenn ich die Ananaskur noch vierzehn Tage durchhalte, ohne davon krank zu werden, kann ich weitere fünf Kilo abnehmen . . .

Hausbewohnerin hatte uns zwei große Gläser in die Hand gedrückt, als sie uns so atemlos dasitzen sah.

Kurt-Heinrich sagte, er mache jeden Morgen dreißig Rumpfbeugen auf nüchternen Magen.

Sein Arzt hatte ihm versprochen, nach drei Monaten werde es ihm dann möglich sein, mit den Fingerspitzen die Zehenspitzen zu berühren. »Und jetzt sind genau drei Monate vergangen«, keuchte er, »aber meine Zehen mit den Fingern berühren, das kann ich leider immer noch nicht. Aber ich bin auf dem richtigen Wege. Nun kann ich wenigstens meine Fußspitzen *sehen*, wenn ich mit weit genug vornüberbeuge!«

Pomadenhengst

Die Fernsehuhr zeigte 20.58 Uhr. Marianne hatte es sich bereits im Sessel des Hauses gemütlich gemacht und starrte erwartungsvoll in Richtung Mattscheibe. Daß sie so pünktlich dasaß, konnte nur eins bedeuten: eine »Tom-Martin-Show« stand auf dem Programm.

»Ich geh' aus und mach' die Stadt unsicher«, kündigte ich an.

Marianne reagierte nicht.

»Du, ich meine das wirklich«, fügte ich hinzu. Keine Reaktion. Also blieb ich sitzen und warf einen verächtlichen Blick auf den Kerl im Fernsehen. Ausgehen kam nicht in Frage, sollte man sich von so einem ältlichen, schmierigen Lackaffen aus seinem eigenen Wohnzimmer jagen lassen!

»Der ist ja nicht zu Aushalten«, bemerkte ich.

»Dann verschwinde auf den Boden oder in den Keller oder in die Garage, wir haben Platz genug.«

»Das könnte dir so passen, was? Damit du so richtig ungestört in diesem widerlichen Schmalz schwelgen kannst!«

Ich setzte mich aufs Sofa rüber. »Pomadenhengst«, charakterisierte ich ihn. Ungestört faselte er weiter mit seinem »love you, love you, honey . . .«

Ich versuchte, seinen Blick festzuhalten, seine feuchten Hundeaugen.

»Weißt du, was dir fehlt?« drohte ich. »Dir fehlt eine gehörige Tracht Prügel, damit du endlich ordentliche Manieren lernst, du dumme Pute. Um so einen Hampelmann in sein Wohnzimmer zu ziehen, dafür zahlt man Lizenzgebühren.«

»Ist der da nicht bald fertig?« wollte Benny wissen. Er hätte gern ein Fußballspiel gesehen, das im zweiten Programm lief . . .

»Cuddle up and be my little clinging wine, lovely mine . . .«

Entschlossen stand ich auf. Ich wollte den Kasten abstellen, aber mit einem Satz war Marianne hoch und schleifte mich an den Haaren zum Sofa zurück.

»Auuuu! Laß los! Du brauchst ja nicht gleich grob zu werden. Ich halte ja meinen Mund, Ehrenwort!«

Endlich ließ sie los, und ich beherrschte mich vier, fünf Minuten. Dann ertönte vom Bildschirm eine ekelhafte, honigtriefende Weise, deren Text etwa so lautete: »Du reist heute abend, mein Liebling, mein Herz wartet voller Sehnsucht, bis heute nacht.« Ich ballte die Fäuste und biß die Zähne zusammen. Tapfer versuchte ich, ein paar grobe Beleidigungen runterzuschlucken. Und es gelang mir.

Benny öffnete vorsichtig die Tür. »Ist der da nicht bald fertig?« wollte er wissen. Er hätte gern ein Fußballspiel gesehen, das im zweiten Programm lief.

»Nein, aber komm ruhig rein«, lud ich ihn ein, »wenn ich den Quatsch aushalten kann, kannst du das wohl auch.«

Er kam also rein, setzte sich mit dem Rücken zum Bildschirm und schleckte ein paar Negerküsse. Erstaunlich, wie schnell die Kinder lernen, bei Fernsehprogrammen die Spreu vom Weizen zu trennen.

»Your eyes give the answer. I'm dreaming of . . .«

Marianne versank völlig in ihrem Sessel, schloß die Augen halb und seufzte tief. Da packte mich der Zorn.

»Halt die Schnauze, Valentino!« fauchte ich und starrte dem schmierigen Fernsehkaspar frech in die Augen.

»Night and day you torture me, my love«, jammerte er.

»Danke gleichfalls«, reagierte ich gewandt. Dann ritt mich plötzlich der Teufel, ich sprang hoch und stellte aufs zweite Programm um.

Im selben Augenblick wurde ich skalpiert. Nicht ganz skalpiert, aber jedenfalls verlor ich ein Haarbüschel, bis Marianne den Apparat wieder auf ihren Liebling umstellte und mich zurück zum Sofa zerrte.

»We danced to a tango of love . . .«

Sie drohte mir, daß ich keinen Abendkaffee zu erwarten hätte – für den Rest des Monats –, wenn ich noch einmal wagen sollte, die Sendung zu unterbrechen.

So beherrschte ich mich mühsam.

»Cruel words your lips will never say, I feel that . . .«

Da reichte es mir. Jedes Wort bereitete mir Übelkeit. Man kann einen Mann so lange und hartnäckig reizen, bis er schließlich alle Hemmungen verliert und irgendein Ventil braucht. Ich riß Benny den Negerkuß aus der Hand, zielte und . . . traf den Amerikaner mit einem herrlichen Klatsch mitten in die Visage.

Ein wunderbarer und großartiger Augenblick! Ein paar Sekunden herrschte eisiges Schweigen im Wohnzimmer. Sogar Mariannes Reaktion blieb aus. Und dann erschien der schmierige Amerikaner links neben dem zermatschten Negerkuß und kündigte die Sensation der Show an: zwölf Cancan-Girls »oben ohne«, direkt aus dem Casino de Paris.

Sie tanzten in einem Minimum an Textilien. Leider konnte man sie hinter dem Negerkußbrei nicht richtig sehen. Mit einem Satz war ich hoch und wischte wie ein Irrer. Aber Negerküsse sind ein so schrecklich fettiger Kram, und je mehr ich rieb, desto schmieriger wurde der Bildschirm.

Wenn ich überhaupt noch das Vergnügen der zwölf

reizenden Damen »oben ohne« genießen wollte, durfte ich keine Sekunde verlieren. Blitzschnell rannte ich aus dem Zimmer und klingelte Sturm beim Nachbarn, um das Programm zu Ende zu sehen. Wirklich süße Geschöpfe! Und diese Formen! Einfach die bestgebauten Mädchen, die ich seit langem gesehen habe. Eine wahre Augenweide! Wirklich eine große Kunst.

Ohne meinen Kalender käme ich nie dahinter, wie die Sonn- und Feiertage liegen . . .

Heute ist Sonntag . . . morgen ist Montag

Nun ist auch dieser Sonntag vorbei. Und jetzt kann man also wieder ein Blatt vom Kalender abreißen. Bei uns im Hause bin ich derjenige, der dafür zu sorgen hat, daß der Kalender stets auf dem aktuellen Stand ist. Jeder weiß, was wir für einen Wochentag haben. Damit mein Mann nicht vergißt, montags blauzumachen.

Auf diese Weise bin ich also zum Kalendermädchen geworden.

Am kommenden Sonntag in einer Woche sind es nur noch achtzehn Wochen bis Weihnachten. Heiligabend fällt auf einen Montag. Also haben wir dann ganze fünf Weihnachtstage nacheinander. Zumindest diejenigen, für die schon der Sonnabend ein Sonntag ist.

Ohne meinen Kalender käme ich nie dahinter, wie die Sonn- und Feiertage liegen. Hatten wir zum Beispiel einen Feiertag mitten in der Woche, so denke ich: Schön, daß morgen Montag ist!

Immer wieder vergesse ich, daß ein Feiertag nicht mit einem Sonntag identisch zu sein braucht. Ich gehe immer davon aus, daß mein Mann seinen Kaffee sonntags ans Bett bekommt. Folglich muß der folgende Tag ein Montag sein.

Das ist doch wohl einleuchtend, oder?

Nur vergesse ich dabei, daß ich ihm auch an den Feiertagen den Kaffee am Bett serviere. Das ist ein sogenannter full-service, den ich meinem Mann biete.

Wenn aber ein Feiertag auf einen Sonnabend fällt, dann denke ich immer: Morgen ist also Montag . . .

Und dann bin ich ganz perplex, wenn ich auf den Kalender blicke und entdecke, daß der Montag gar kein Montag ist.

Also am Sonntag. Und daß mein Sonntag ein Sonnabend war.

Nehmen wir zum Beispiel Pfingsten. Da finde ich überhaupt nicht durch. Während des ganzen ersten Pfingsttages, der ja auf einen Sonntag fällt, überlege ich:

»Heute ist Sonntag . . . morgen ist Montag!«

Aber dann fällt mir plötzlich ein, daß der Montag gar kein Montag ist, sondern der zweite Pfingsttag!

Mit anderen Worten: Den Montag haben wir dann erst am Dienstag. Und der Dienstag fällt auf einen Mittwoch.

Und schließlich steht man da, und es fehlt einem ein ganzer Tag, um den man betrogen wird. Ich meine in der Woche nach Pfingsten.

Auch Neujahr ist ein verrückter Festtag. Angenommen, Silvester fällt auf einen Sonntag. Dann sage ich mir:

»Morgen muß also Montag sein!«

Aber dann ist endlich Schluß mit den ständigen Feiertagen, und ich komme plötzlich dahinter:

Halt, stopp! Jetzt gerätst du wahrhaftig durcheinander. Am Montag kann gar nicht Montag sein, denn heute, Silvester, ist ja Sonntag, und zwischen heute und Montag liegt der Neujahrstag! Und der fällt auf einen Montag. Also fällt der richtige Montag erst einmal aus.

Und am Silvesterabend geht dann in meinem Kopf alles durcheinander, und ich weiß weder ein noch aus. Dann sage ich zu meinem Mann:

»Es ist doch so, daß in der kommenden Woche der Montag auf einen Dienstag fällt?«

»Ja«, gibt er zu, »und jetzt stellst du die Schnapsflasche erst einmal zur Seite, verstanden? Und versuch mal, ganz kühl zu überlegen!«

Aber das war ja genau das, was ich gerade getan hatte.

Nur am Rosenmontag, da kann mir gar nichts passieren, denn den ganzen Sonntag sage ich mir:

»Morgen ist also Rosenmontag!«

Und damit liege ich dann auch genau richtig. Aber das hängt natürlich damit zusammen, daß der Tag ausdrücklich Rosenmontag heißt und auf einen Montag fällt. Klarer könnte es nicht sein.

So sollte man es mit allen Feiertagen halten.

Wenn man die Bezeichnung Himmelfahrtsmontag, Palmsonntagsmontag, Fronleichnamsmontag und Aschermittwochsmontag einführte, gäb's überhaupt keine Verwechslungen mehr.

Auch wenn es sich vielleicht ein wenig merkwürdig anhörte, spräche man künftig nur noch vom Karmontag.

Zu Ostern ist es noch schlimmer. Ständig denke ich am Gründonnerstag: »Morgen ist also Montag ...«

Aber allmählich beginne ich doch durchzublicken.

»Verflixt noch mal«, murmele ich dann, während ich im Kalender blättere, »morgen, Freitag, ist ja schon wieder Sonntag!«

Für mich sind nämlich alle Feiertage Sonntage, weil sie im Kalender rot gedruckt sind und weil mein Mann, wie gesagt, an allen Feiertagen seinen Morgenkaffee ans Bett bekommt.

Immer, wenn hinterher Krümel in seinem Bett liegen, ist es Sonntag. Aber das ist leider auch die einzige Art, an der ich merke, daß Sonntag ist.

Abgesehen davon, daß ich darauf achten muß, daß sich die Katze und der Kanarienvogel nicht in die Wolle kriegen dürfen. Wenn mein Mann lange schläft, muß im Haus Ruhe herrschen.

Jedenfalls überlege ich mir ganz logisch, daß der Gründonnerstag ein Sonnabend ist und der Karfreitag ein Sonntag.

Allerdings werde ich dadurch gleich um zwei aufeinanderfolgende Montage betrogen.

Denn es ist doch ganz einleuchtend, daß der Gründonnerstag ein Sonnabend ist und der Karfreitag ein Sonntag. Folglich fallen zwei Montage nacheinander einfach weg.

Aber dann wird es kompliziert. Nach dem Karfreitagssonntag müßte nach meinen Kopfrechenkunststücken ein Montag im Kalender stehen, aber statt dessen bricht dann der Sonnabend an. Und dann kommt der Sonntag, der Ostersonntag! Dann denke ich:

»Na«, denke ich, »endlich ist es soweit! Morgen ist Montag!«

Falsch gedacht! Denn was folgt auf den Ostersonntag? Richtig: der zweite Ostertag! Folglich bin ich nicht um zwei, sondern um drei Montage betrogen, richtig reingefallen! Drei Montage in einer einzigen Woche – einfach futsch! Das ist wahrhaftig starker Tobak!

Das kommt dabei heraus, wenn man sich in den Kopf gesetzt hat, daß auf einen Sonntag ein Montag folgen muß, auch wenn der Sonntag mitten in der Woche liegt.

Natürlich könnte man fragen, was ich denn eigentlich mit all den Montagen anfangen will!

Ganz einfach: Den Montag brauche ich, weil er mein wöchentlicher freier Tag ist! Mit anderen Worten: Der Montag ist mein Sonntag!

Strenggenommen gibt es also für mich gar keine Montage. Und darum kann ich jetzt auch nicht mehr verstehen, weshalb ich mich über das Problem der Kalendertage so aufgeregt habe.

Unsere erste Begegnung . . .

Wir hatten gerade warm zu Abend gespeist, ein lukullisches Mahl, Steak mit jungen Kartoffeln und frischem Gemüse. Der Aufwasch war glücklich überstanden, und ich genehmigte mir eine gemütliche Zigarre. Marianne saß mit ihrem Nähzeug im Sofa, und ich hatte meinen Enkel, den reizenden kleinen Jakob, auf dem Schoß und laß ihm Grimms Märchen vor.

»So, mein Kleiner«, sagte ich nach einer Weile und schlug das Buch zu, »da kriegte die böse Hexe ihre wohlverdiente Strafe, der Prinz erhielt die Prinzessin und das halbe Königreich, und für dich ist es höchste Zeit, ins Bett zu kommen. Hopp, hopp, ausziehen und Zähneputzen nicht vergessen! Sag Oma und Opa schön gute Nacht, bis morgen!«

Der Vorschlag schien ihn nicht zu begeistern. Jakob begann unverzüglich mit seiner Verzögerungstaktik.

»Opa«, sagte er eifrig, »wo hast du eigentlich Oma getroffen, als du sie zum ersten Mal gesehen hast?«

»Das erzähle ich dir ein anderes Mal. Jetzt marsch ins Bett!«

»Hast du sie auch von einem feuerspeienden Drachen befreit?«

»Natürlich nicht. Das heißt . . . sie hatte ja eine Mutter, aber das ist was anderes, ha, ha . . . richtige feuerspeiende Drachen existieren nur in Märchen.«

»Wo hast du sie denn getroffen?«

»Tja . . .«

Ich warf Marianne schnell einen Blick zu. Ich wußte nicht, ob sie damit einverstanden war, daß ich so ohne weiteres über unsere erste Begegnung berichtete.

»Opa«, sagte er eifrig, »wo hast du eigentlich Oma getroffen, als du sie zum ersten Mal gesehen hast?«

»Das ist doch keine Geschichte für den Jungen«, warf sie ein, »jedenfalls nicht so, wie du sie immer schilderst.«

Ich wußte es ja, sie war dagegen.

»Andererseits liegt doch nichts Böses darin ... oder Verkehrtes«, wandte ich ein, »dem Jungen schadet es nicht, das zu hören. Wenn Kinder fragen, sollen sie auch eine Antwort bekommen.«

»Gerade die Geschichte erzählst du in einer so blöden Version.«

»Blöde Version? Ich halte mich an die nackten Tatsachen. Das kann doch nicht verkehrt sein. Also, mein lieber kleiner Jakob ... wo ich zum ersten Mal deine Oma traf? Ja, das will ich dir erzählen. Es war an einem schönen Sommertag vor vielen Jahren. Ich hatte mich heiß in ein Mädchen namens Johanna verliebt. Sie war etwa fünf, sechs Jahre jünger als deine Oma, ein großes, schlankes, blondes Mädchen mit reizenden Grübchen, wenn sie lächelte ... die vergesse ich nie. Und ihr Lächeln ...«

»Ich glaube, du brauchst des Kindes wegen nicht in Einzelheiten zu gehen«, bemerkte Marianne kalt, »es reicht wohl, wenn du ihm erzählst, daß sie eigentlich eine kleine sommersprossige, x-beinige, dumme Gans war ...«

Ich überhörte die Unterbrechung und fuhr fort: »Wie gesagt, ich war also wild verliebt in das Mädchen Johanna, aber ihre Eltern widersetzten sich dieser Verbindung energisch, denn wir gehörten verschiedenen sozialen Schichten an. Als wir von Verlobung redeten, verbot mir ihr Vater ganz einfach, das Haus zu betreten, und ich sank in tiefe Verzweiflung ... zumal ich wußte, daß meine Liebe erwidert wurde. Ich war nämlich, wenn ich es mal so ausdrücken darf, ein ganz attraktiver Mann in meinen jungen Jahren. Etwa wie der Prinz, den du hier auf den Bildern sehen kannst. Nur besaß ich kein weißes Roß. Nun, langsam reifte ein kühner Plan in meinem jungen verliebten Kopf, der Plan zu einer Flucht. Ich wollte die Schöne entführen, mit ihr nach Kanada oder Australien ausreißen und sie dort heiraten. Aber ihre Eltern bewachten sie so streng wie die Hexe die Prinzessin, von der ich dir vorgelesen habe. Sie setzten ein extra Sicherheitsschloß vor die Tür ihres Jungmädchenzimmers und verboten ihr, abends allein auszugehen. Es gab nur einen Ausweg: durch ihr Fenster zu steigen, sie auf meinen starken Armen die Leiter runterzutragen und sie ins Gelobte Land zu entführen. Ein letztes Mal suchte ich ihren cholerischen Vater auf, wollte ein friedliches Gespräch führen, um zu einer gütlichen Regelung zu finden, jedoch . . .«

»Aber Opa, wo hast du Oma getroffen? Das wollte ich doch nur hören!«

»Das kommt jetzt. Paß auf und unterbrich mich nicht immer. Wo waren wir stehengeblieben?«

»Beim Vater dieser Ziege. Er schmiß dich vom dritten Stock die Treppe runter, und du Schwächling hast dir ein paar Rippen gebrochen.«

Ich warf Marianne einen empörten Blick zu.

»Jetzt erzähle ich. Tja, ich packte also meine Koffer und beschaffte mir eine lange Leiter. Und dann hatte meine große Stunde geschlagen. Es war ein lauer, sternenklarer Augustabend. Vorsichtig schlich ich auf den großen, grauen Häuserblock zu, wo der Traum meines Lebens mit klopfendem Herzen verzweifelt die Hände ringend im dritten Stock am Fenster saß und wartete . . .«

»Auf ihren Ritter!« half Marianne.

»Ich stellte die Leiter an die Mauer und begann hochzuklettern. Und dann . . . zu meinem lähmenden Entsetzen – entdeckte ich, daß die Leiter zu kurz war! Sie reichte gerade bis zum zweiten Stock und keinen Zentimeter weiter. Da stand ich also mit meinen teuren Fahrkarten für den Australiendampfer, der in knapp einer Stunde abfuhr. Das war die unangenehmste Situation, in der ich mich je in meinem jungen Leben befunden hatte.«

»Und wie hast du es dann geschafft, Opa? Bist du den Rest der Mauer hochgeklettert?«

»Ach nein, mein Kleiner . . . das war unmöglich. Ich war ja kein Supermann. Aber auf der Höhe des zweiten Stockwerkes erblickte ich ein anderes junges Mädchen, deine Oma. Na ja, da nahm ich sie als Ersatz. Ich zog höflich meinen Hut, lächelte sie mit all meinem jugendlichen Charme an, lud sie ins Kino ein und konnte am nächsten Tag das Geld für die Dampferkarten einlösen. Mit deiner Oma brauchte ich ja nicht nach Australien zu reisen – ich meine – wenn ich die Sache ebensogut mit zwei Kinokarten ritzen konnte.«

Wie bereits eingangs erwähnt, schnaubt Marianne immer vor Wut, wenn ich über unsere erste Begegnung berichte, und die Reaktion ließ auch diesmal nicht auf sich warten. Ich meinerseits finde die Geschichte romantisch und spannend. Fluchtpläne, Sternenhimmel, Verführungsszene und so weiter – romantischer geht's doch wirklich nicht!

Hick!

Es gibt überhaupt keinen Grund, dümmer zu erscheinen, als man ist. Ich bin natürlich vertraut mit der gesellschaftlichen Alltagsetikette. Ich besitze gute Tischmanieren und benehme mich in jeder Beziehung kultiviert und galant. Ich achte gewissenhaft darauf, die Hand vor den Mund zu halten, wenn ich gähnen muß, ich reiche Zucker und Milch herum, bevor ich mich selbst bediene, und ich gebe den Damen Feuer, bevor sie es selbst tun. Man kann natürlich auch mal Pech haben, jedem kann einmal ein Mißgeschick unterlaufen, so daß alle Augen sich auf dich richten, gleichgültig, wie sehr du bemüht bist, Situationen zu vermeiden, die dem Blick der Gemahlin etwas Vorwurfsvolles verleihen.

Beispielsweise kann man den Schluckauf bekommen.

Ich möchte folgende Behauptung aufstellen: Gleichgültig, wie kultiviert man sein mag, der Schluckauf gehört zu den Dingen, die man einfach nicht unter Kontrolle hat. Wenn man den Schluckauf bekommt, hat man den Schluckauf, selbst wenn man im Weißen Haus dinieren und neben der First Lady sitzen sollte.

Ganz so grauenhaft war es nicht, als ich das letztemal den Schluckauf bekam. Wir hatten nur ein paar Leute zu einer Tasse Kaffee bei uns. Es fing an, als ich die Tasse zum Mund hob und den ersten Schluck Mokka trank.

»HICK!« sagte ich und sprühte den Kaffee auf Marians weißes Tischtuch.

»Entschuldigen Sie«, fuhr ich fort und wischte mit dem Handrücken rasch ein paar Tröpfchen von den Törtchen. »Ich glaube, ich habe den Schluckauf.«

»Haben Sie eine Flasche Kognak im Haus?« fragte Larris. »Eine Flasche gewöhnlichen Kognak, die Marke spielt keine Rolle.«

»War es wirklich nötig, direkt in deine Tasse hineinzuhicken? Hättest du nicht den Kopf vom Kaffeetisch abwenden können?« hielt mir Marian vor, während sie einen Tropfen von ihrem hellblauen Taftkleid wischte.

»Das kam so plötzlich. Ich hatte leider keine Zeit . . . HICK!«

»Trinken Sie ein großes Glas Wasser«, rief Mrs. Thomasen. »Dann hört es sofort auf. Das mache ich immer, wenn mich der Schluckauf überfällt.«

Obschon Wasser nicht zu meinen Lieblingsgetränken gehörte, holte ich mir ein Glas davon und begann zu schlürfen.

»Große Schlucke«, sagte Mrs. Thomasen. »Große Schlucke . . . und nach hinten mit dem Kopf.«

Ich kippte den ganzen Inhalt mit zwei Riesenschlucken hinunter. Mrs. Thomasen starrte mich eine halbe Minute lang aufgeregt an.

»Sehen Sie, das hat gewirkt!« sagte sie.

»Ja«, sagte ich erleichert, »danke für den Tip! Ich habe gar nicht gewußt, daß . . . HICK!«

»Wasser hilft nicht«, sagte Onkel Theodor. »Wenn du den Schluckauf loswerden willst, mußt du dir die Nase zuhalten und eine Minute lang nicht atmen.«

Ich hielt mir bereitwillig die Nase zu und hörte zu atmen auf. Onkel Theodor zog seine goldene Taschenuhr heraus und nahm die Zeit. Ich spürte, wie mein Gesicht immer roter wurde.

»HICK!« sagte ich nach Ablauf von 57 Sekunden.

»Haben Sie eine Flasche Kognak im Haus?« fragte Larris. »Eine Flasche gewöhnlichen Kognak, die Marke spielt keine Rolle.«

»Ja, ich glaube, im Kel . . . HICK . . . Keller steht eine Flasche.«

»Dann geben Sie ein paar Tropfen auf ein Stück Würfelzucker und legen Sie es sich unter die Zunge. Wenn es sich aufgelöst hat, wird Ihr Schluckauf beseitigt sein ... unter Garantie.«

Ich holte ungern den Kognak. Eigentlich hätte die Flasche erst zu meinem Geburtstag geöffnet werden sollen.

»Drei Tropfen sind genug«, sagte Larris, als ich ein Stück Würfelzucker aus der Dose genommen hatte. Offenbar schien er mir nicht mehr zu gönnen. Ich ließ sorgfältig drei Tropfen auf das Zuckerstück fallen und legte es unter die Zunge.

»Sie saugen daran, das ist nicht gestattet, er muß sich von selbst auflösen«, sagte Larris.

»HICK!« sagte ich.

»Sehen Sie, da geht es nicht.«

Ich holte das Zuckerstück heraus, goß noch ein paar Tropfen darauf und legte es wieder unter die Zunge. Alles starrte mich erwartungsvoll an. Ich regte mich nicht, starrte nur geradeaus und wartete auf das nächste Hick. Nichts geschah. Mein Zwerchfell hatte sich offenbar beruhigt. Der Kognak schien ihm behagt zu haben. Onkel Theodor prüfte die Zeit.

»Eine Minute jetzt! Scheint gewirkt zu haben.«

»Hat sich der Zucker aufgelöst?« fragte Larris.

Ich nickte.

»Gut, dann dürfen Sie wieder reden«, verkündete Laris. »Das Mittel hat gewirkt, wie nicht anders zu erwarten. Merken Sie sich also: Falls Sie je wieder ...«

»HICK!« unterbrach ich ihn.

»Da geht es schon wieder los«, sagte Onkel Theodor.

»Kognak nützt überhaupt nichts«, erklärte Thomasen.

»Jedenfalls nicht bei Schluckauf, aber sonst ...«, sagte Onkel Theodor.

Ich mußte Marian also bitten, die Kognakgläser zu holen.

»Ich habe eine Schwester in Hoboken, die einmal zwei Wochen lang den Schluckauf hatte«, erzählte Onkel Theodor. Es half einfach nichts. Der Arzt konnte nichts tun. Gleichgültig, was er auch verschrieb, alles war wirkungslos. Dann kam dieser Heilkundige aus Utah, der ihr riet, den Kopf in einen Eimer Eiswasser zu stecken, und zwar so lange, bis sie das Gefühl hätte, ertrinken zu müssen. Das half. Seitdem hat sie nie mehr Schluckauf gehabt. Und das ist jetzt zwanzig Jahre her.«

»Nein, danke«, sagte ich ablehnend. »Ich will keinen ... HICK!«

»Willst du dich lieber zwei Wochen lang mit dem Schluckauf quälen?«

Marian war schon aufgestanden, um hinauszugehen und einen Eimer mit Wasser vollaufen zu lassen.

»Aber eiskalt!« rief Onkel Theodor nach.

Als sie mit dem Eimer erschien, prüfte er rasch mit dem Zeigefinger die Temperatur. Sie hatte die Eiswürfelschale aus dem Kühlschrank ins Wasser geleert. Es war schrecklich kalt.

Ich öffnete den Mund, um zu protestieren.

»HICK!« sagte ich.

Das genügte. Ich nahm die Brille ab und steckte den Kopf in den Eimer. Eine Sekunde später hätte ich ihn am liebsten wieder herausgezogen, aber eine eiserne Hand im Nacken drückte ihn nieder.

»Glurg ... glurg ... glurg ...!« protestierte ich in Panik und verschluckte einen Eiswürfel. Der Kerl, der meinen Kopf niederdrückte, konnte sich auf etwas gefaßt machen, sobald ich wieder hochkam. Mir wurde schwarz vor den Augen. Ich ruderte wild mit den Armen und versuchte dem Mann mit dem eisernen Griff ans Schienbein zu treten.

Endlich konnte ich mich befreien.

»Das habe ich nur ... nur Ihretwegen getan«, stammelte Thomasen und wich hastig zurück.

Der Feigling!

»Sie hätten mich beinah ertränkt, Mister«, sagte ich und warf ihm einen wütenden Blick zu, während Marian meinen Kopf trockenrubbelte.

»Sie sind nur einmal untergegangen«, sagte Larris witzelnd. »Man ertrinkt erst beim dritten Untertauchen!«

»Wißt ihr, was ich glaube?« sagte ich, als ich meine Brille aufsetzte. »Ich glaube, ihr wollt euch auf meine Kosten einen vergnügten Abend machen. Aber das gelingt euch nicht. Mein Schluckauf ist nämlich weg.«

»Dank Onkel Theodor und dem Heilkundigen aus Utah«, frohlockte Marian. »Man sollte über alte Hausmittel nie die Nase rümpfen.«

Wir kehrten auf unsere Plätze am Kaffeetisch zurück. Larris begann eine Geschichte über einen sehr ernsten Fall von Schluckauf zu erzählen, der ihn vor Jahren bei seiner eigenen Hochzeit befallen hatte.

»Jedesmal, wenn der Pfarrer ein Ja hören wollte, sagte ich HICK!«

Wir amüsierten uns. Larris fand die Geschichte so gut, daß er sie gleich noch einmal erzählte. Stärker ausgeschmückt und mit ein bißchen mehr Lokalkolorit. Das Ganze war unten in Virginia passiert.

Ich griff nach einer Waffel.

»HICK!« sagte ich, als meine Zähne zubissen.

Einen Augenblick später stand ich kopf, an die Tür gelehnt, gehalten von Larris.

»Dein Schluckauf scheint allergisch zu sein gegen Waffeln«, meinte Onkel Theodor.

»Können Sie auf dem Kopf stehen?« fragte Mrs. Larris.

»Wer, ich?«

»Ja, ich habe gehört, das soll sehr gut sein. Ich glaube, es hilft gegen Schluckauf . . . oder gegen Niesen.«

»Ein Versuch kann nichts schaden«, meinte Thomasen, der wohl annahm, die Sache mit der versuchten Ertränkung sei schon vergessen.

»Ich kann nicht auf dem Kopf stehen«, entschied ich.

»Einer von den Männern kann dir ja helfen«, schlug Marian vor.

Einen Augenblick später stand ich kopf, an die Tür gelehnt, gehalten von Larris. Es war keine gute Idee. Es schien nur den Schluckauf in den Kopf zu pressen. Ich hickte fortan doppelt so oft wie vorher.

»Lassen Sie mich los«, bat ich.

»Es muß also doch gegen das Niesen sein«, sagte Mrs. Larris. »Na ja, jetzt wissen wir wenigstens Bescheid, falls einer von uns in der nächsten Zeit einen Niesanfall bekommt.«

Wir setzten uns wieder an den Kaffeetisch. Ich goß etwas Kognak ein und hob das Glas.

»HICK!« sagte ich.

»Gesundheit!« sagten die anderen.

Wir tranken.

Als ich mein Glas abstellte, versetzte Mrs. Larris mir einen schallenden Schlag aufs Ohr.

Ich ließ die Zigarre in den Schoß fallen und war so verblüfft, daß ich nicht dazukam, sie aufzuheben, bis Brandgeruch von der Hose in meine Nase stieg. Ich sah Mrs. Larris vorwurfsvoll an. Soviel ich wußte, hatte ich überhaupt nicht Unanständiges gesagt. Den ganzen Abend hindurch hatte ich außer »HICK!« nicht viel von mir gegeben.

»Ich verstehe nicht . . .«

»Das habe ich nur gemacht, damit Sie ihren Schluckauf loswerden«, erläuterte sie. »Ich habe gehört, wenn man der Person, die den Schluckauf hat, mit etwas völlig Unerwartetem kommt, verschwindet er. Es war nicht böse gemeint.«

Sie gab mir einen Kuß auf die Wange, um die Sache wiedergutzumachen.

»HICK!« sagte ich.

»Tja, wir sind wieder da, wo wir angefangen haben!« stellte Onkel Theodor resigniert fest.

»Warten Sie! Lassen Sie mich versuchen, Sie vom Schluckauf zu befreien«, rief Thomasen eifrig. Ihm war offenbar plötzlich ein neues erprobtes Rezept eingefallen: »Wenn man in den nächsten fünf Minuten noch einmal Hick machen kann, gewinnt man zehn Dollar. Wenn nicht, gewinnt sie der andere.«

»Abgemacht!« sagte ich und schüttelte ihm die Hand.

Ich saß also eine Weile da und wartete. Der Schluckauf wollte sich nicht einstellen. Ich schluckte ein paarmal, um ihn auszulösen, weil zehn Dollar ja auch Geld sind; außerdem wollte ich mich an dem Anblick weiden, wenn Thomasen bezahlen mußte. Der Schluckauf parierte aber nicht. Ich schluckte nur ein paarmal meinen Speichel hinunter.

»Na bitte!« sagte Thomasen strahlend. »Wenn man muß, dann geht es einfach nicht. Schluckauf ist eine Art Hysterie. Man sitzt da und wünscht ihn sich . . . aber es geht nicht. Solange man aber dasitzt und ihn fortwünscht, bleibt er. Ich habe auf diese Weise viele Anfälle

Der Schluckauf wollte sich nicht einstellen.
Ich schluckte nur ein paarmal meinen Speichel
hinunter . . .

von Schluckauf kuriert. Wenn er ein bißchen häufiger aufträte, könnte ich mir damit meinen Lebensunterhalt verdienen!

»Warum sind Sie denn nicht gleich damit herausgerückt und lassen den armen Mann dasitzen und stundenlang leiden?« fragte Mrs. Larris sehr vernünftig.

»Ich wollte erst mal sehen, wie viele nutzlose Ratschläge die anderen geben!«

»Na«, sagte Onkel Theodor, den Blick auf die goldene Uhr gerichtet, »die fünf Minuten sind jetzt um. Thomasen hat seine zehn Dollar redlich verdient. Als damals meine Schwester in Hoboken zwei Wochen lang den Schluckauf hatte, zahlte sie dem Heilkundigen aus Utah zwanzig Dollar dafür, daß er sie kuriert hatte. Das war damals eine Menge Geld.«

Widerstrebend zog ich einen Zehner aus der Brieftasche und überreichte ihn Thomasen.

»Sinnvoll ausgegebenes Geld«, sagte er.

»HICK!« sagte ich.

»Das geht ja schon wieder los!« sagte Onkel Theodor.

»Das ist schrecklich«, jammerte Marian. »Denkt nur, wie das wird, wenn er die ganze Nacht so daliegen und hicken muß.«

»War da nicht was mit Wassertrinken aus dem Glas an der Stelle, die am weitesten von einem entfernt ist? Das soll doch helfen«, meldete sich Mrs. Larris zu Wort.

»Das ist nicht gegen Schluckauf«, wandte Mrs. Thomasen ein. »Das war eine Strafe früher beim Pfänderspiel.«

Thomasen beugte sich vor und flüsterte Marian etwas zu. Sie standen auf und gingen in die Küche. Larris erklärte, mein Schluckauf verginge sofort, wenn ich flöge.

Er trug eine wirre Theorie über den vorteilhaften Einfluß von dünneren Luftmassen auf das Zwerchfell vor, von dem nach seiner Meinung der Schluckauf ausginge. Er ging so weit, zu behaupten, Piloten von Düsenflugzeugen bekämen den Schluckauf überhaupt nie.

»Wenn Sie die Schallmauer nur ein einziges Mal durchbrechen, sind Sie Ihr Leben lang dagegen gefeit«, sagte er. »Ein Vetter von mir fliegt einen Jumbo, und er sagt, der Knall beim . . .«

Ich verspürte einen ungeheuren Stoß im Rücken, es gab einen Knall, und ich flog nach vorn, mit dem Kopf direkt in die Schichttorte hinein. Wutentbrannt sprang ich auf. Meine Brillengläser waren bedeckt mit Schlagsahne und Nüssen. Ich nahm die Brille ab und drehte mich um, bebend vor Zorn. Thomasen stand da, eine geplatzte Papiertüte in der Hand. Er wich in Richtung Anrichte zurück.

»Was zum T . . . soll das heißen?« brüllte ich und versuchte ihn am Kragen zu packen. Marian trat dazwischen.

»Das hat er nur zu deinem Besten getan. Er hat auf deinem Rücken eine aufgeblasene Papiertüte zerknallt, das war alles. Wenn man einen, der den Schluckauf hat, unversehens erschreckt, verschwindet das Leiden.«

Ich riß mich los.

»Jetzt werde ich Sie mal tüchtig erschrecken, mein guter Mann, und zwar mit einem blauen Auge, das nicht einmal der Heilkundige aus Utah in zwei Wochen kurieren kann!« schrie ich aufgebracht und verfolgte Thomasen bis in die Diele. Er packte seinen Hut und hetzte zur Tür hinaus, bevor ich bis drei zählen konnte. Trotz meiner Wut war ich meiner Sinne so mächtig, daß ich ins Wohnzimmer stürzte, die Schichttorte ergriff und sie mit aller Kraft an seinen Hinterkopf schleuderte, als er die Treppe hinunterraste!

»So!« sagte ich, als ich wieder im Wohnzimmer stand, vom Schluckauf gänzlich geheilt, schweigend empfangen. »Wenn jemand einen guten Rat bei Schluckauf braucht, kann ich kostenlos dienen. Man braucht nur dafür zu sorgen, daß der Betroffene auf irgendeinen Idioten richtiggehend wütend wird, schon hat man seinen Schluckauf vergessen.«

Der Abend war ziemlich verdorben. Die Gesellschaft löste sich auf, man ging nach Hause. Thomasen war zwölf Jahre lang ein Freund des Hauses gewesen, und man vertrat offenbar die Meinung, ich hätte seine gutmeinte Einmischung ein wenig zu heftig quittiert. Na, mir war es egal. Mit dem Rest meines Zorns schickte ich Marian zu Bett, worauf ich mich hinsetzte und dieses niederschrieb: »Es ist jetzt halb zwei Uhr nachts, und in den drei Stunden, seitdem ich unsere Gäste verabschiedet habe, mußte ich nicht ein einziges Mal hicken, was deutlich beweist, daß mein Ratschlag . . . HICK!«

Geht es schon wieder los?

Ein Hund am Steuer

Wenn nicht mein Freund, der Polizist, zufällig als Passagier mit im Wagen gewesen wäre, hätte ich es mir wohl überlegt, die folgende Episode zu schildern. Aber er war dabei, und Sie sollen daher die Geschichte hören – genauso wie ich sie erlebte, so unglaublich sie auch klingen mag. Ich gebe sie ohne jeden Skrupel wieder, im vollen Vertrauen darauf, daß deren Wahrheitsgehalt zu jeder Zeit von einer auch außerhalb des Dienstes voll vertrauenswürdigen Person bezeugt werden kann.

Wir fuhren über die Bundesstraße, mein Freund, der Polizist, und ich, als wir ein kleines graues Auto sahen, das vor einem Stoppschild stand und plötzlich mit einem Känguruhsprung auf die Fahrbahn setzte. Ich mußte hart auf die Bremse treten, um eine Kollision zu vermeiden. Der kleine graue Wagen schlingerte hinüber zur linken Fahrbahn, schwenkte mit weiten Känguruhsprüngen nach rechts ganz dicht an den Grünstreifen heran, fing sich, beschleunigte und verschwand.

»Ihm nach!« rief mein Freund, der Polizist. Er runzelte unheilverkündend die Stirn, wie Leute von der Polizei das gewöhnlich tun, wenn sie plötzlich mit einem Sachverhalt konfrontiert werden, der in offensichtlichem Widerspruch zum Buchstaben des Gesetzes steht.

»Eine verteufelte Art, auf eine Hauptstraße zu fahren!« brummte er, während ich Gas gab und den kleinen grauen Wagen mit dem eingebauten Känguruh-Gang einzuholen versuchte. Als wir auf einer Höhe mit ihm waren, gab sich mein Freund, der Polizist, einen Ruck

»Was – um Himmels willen?!« rief er und riß vor Ver-

Wir fuhren über die Bundesstraße,
mein Freund, der Polizist, und ich,
als wir ein kleines graues Auto sahen . . .

wunderung die Augen auf... und das nicht ohne Grund!

Am Steuer des kleinen grauen Autos saß ein großer, kurzhaariger, ohrengekappter dänischer Hund, eine sogenannte dänische Dogge. Er saß mit beiden Pfoten am Steuer und starrte vor sich hin, während er mit den beiden linken Rädern auf dem Mittelstreifen fuhr, anstatt rechts davon.

Mein Freund, der Polizist, lehnte sich hinaus und stellte zu seiner grenzenlosen Verblüffung fest, daß der kleine graue Wagen – abgesehen vom Hund – leer war. »Das ist unmöglich«, murmelte er, »das ist ganz einfach unmöglich!«

»Ein Hund am Steuer ... eine große dänische Dogge am Steuer«, wiederholte ich fassungslos und kaute auf meinen Zigarrenstummel herum. »Ja, du hast recht! Das ist unmöglich. Das kann einfach nicht wahr sein. Das muß ein Trick sein. Vermutlich liegt ein Mann auf dem Rücksitz und dirigiert den Wagen mit irgendeinem versteckten Mechanismus!«

»Der Rücksitz ist so leer wie ein Schwalbennest am Nordpol!«

Ich fuhr etwas langsamer und hinter das kleine Auto. Nach ein paar Minuten Fahrt benutzte der Hund das Blinklicht, um anzuzeigen, daß er nach links abbiegen wollte – worauf er bei der nächsten Seitenstraße nach rechts abbog! Ich mußte voll bremsen, um nicht seine Stoßstange einzubeulen.

»Idiot!« zischte ich gereizt. »Dummer Köter!«

Der Hund drehte sich um und nickte mir gleichsam lächelnd zu. Dann erhöhte er sein Tempo, wechselte mit einem mißtönenden Laut den Gang und zog auf die Mitte der Fahrbahn.

Mein Freund, der Polizist, schüttelte mißbilligend den Kopf.

Als wir später in die Stadt fuhren, stoppte der kleine graue Wagen plötzlich vor einer Kreuzung, obwohl die Ampel Grün zeigte. Ich betätigte ungeduldig die Hupe, aber das kleine graue Auto blieb unangefochten stehen. Erst als die Ampel auf Gelb wechselte, setzte er mit einer Serie von Känguruhsprüngen über die Fahrbahn und brachte sich in Sicherheit.

»Mir schwant nichts Gutes bei diesem Hund«, murmelte mein Freund, der Polizist, »mir schwant Unheil!«

Etwas weiter vorn hielt der kleine graue Wagen an einem Fußgängerüberweg, als ein älterer Herr Anstalten machte, die Straße zu überqueren. Der ältere Herr wartete. Der Hund gab ihm ein Zeichen, und der ältere Herr trippelte auf den Fußgängerüberweg ... Da plötzlich machte der kleine graue Wagen einen Satz, flog nach vorn und hätte fast den älteren Herrn niedergewalzt – hätte dieser sich nicht mit einem Sprung gerettet.

»Wie gesagt«, murmelte mein Freund, der Polizist, »ich ahnte Böses mit diesem Hund! Und seine Reaktion beim Fußgängerüberweg hat mir das jetzt bestätigt!« Er nickte mit Polizisten-Kennermiene.

Wieder machte der kleine graue Wagen eines seiner unerwarteten Manöver ... der Hund lenkte ihn mitten auf die Fahrbahn, um einem Vierbeiner auf dem Fußweg – offenbar einem Bekannten – mit der Pfote zuwinken zu können. Dann zeigte sein Blinker nach rechts, dann, ohne abzubiegen, nach links ... und in einer Villenstraße fuhr das Auto nach rechts ab. Ein Stückchen weiter verlangsamte er das Tempo vor einer größeren Ziegelsteinvilla, und ohne zu blinken, bog er auf den Fußweg und in eine Garage ein. Der Hunde mußte es drei- bis viermal versuchen, bevor es ihm gelang, den Wagen hineinzubekommen. Das eine Schutzblech bekam dabei eine Beule.

Mein Freund, der Polizist, sprang schnell heraus. Er beeilte sich, in die Garage zu kommen, und riß die Tür des kleinen Autos auf.

Einen Augenblick später kam er zurück zur Straße, wo ich in meinem Wagen auf ihn wartete.

»Dacht' ich's mir doch«, sagte er triumphierend, »es ist eine Hündin!«

Schätzen Sie, wie viele Erbsen im Topf sind!

Anfang Dezember machten Marian und ich einen Schaufensterbummel, um uns die Weihnachtsdekorationen anzusehen. Die kleinen Läden in unserer Nachbarschaft schmückten ihre Fenster auf traditionelle Art und nicht so grell und bunt wie die Kaufhäuser in der Innenstadt.

Bei uns draußen versuchten die Kaufleute, mit Weihnachtselfen, Gestecken aus Fichten- und Rottannenzweigen, bunten Glaskugeln und ein bißchen Rauschgold festliche Weihnachtsstimmung herbeizuzaubern. Alles ganz schlicht, altmodisch und anheimelnd.

Im Schaufenster der Eisenwarenabteilung entdeckten wir einen großen gußeisernen Topf, der mit halben Erbsen gefüllt war. Daneben stand eine große Weihnachtselfe mit einem Plakat, auf dem stand: *Schätzen Sie, wie viele Erbsen im Topf sind. Wer der richtigen Zahl am nächsten kommt, gewinnt einen Weihnachtsgutschein über tausend Kronen.*

Die tausend Kronen hätte ich natürlich gerade jetzt gut gebrauchen können. Wer übrigens nicht? Weihnachten stand vor der Tür, und man mußte unendlich viele Geschenke kaufen!

Ich versuchte, die oberste Lage Erbsen zu zählen. Als ich bei achthundertsiebenundachtzig angelangt war, unterbrach mich Marian.

»Es sind bestimmt eine ganze Menge«, sagt sie. »Mindestens fünf oder sechs Kilo.«

»Es geht hier aber nicht um Pfund oder Kilo, sondern um die Stückzahl.« Dann versuchte ich, mich wieder aufs

Am nächsten Morgen ging ich in die Eisenwarenhandlung. Andersen, der Besitzer, bediente mich höchstpersönlich . . .

Zählen zu konzentrieren. »Achthundertachtundachtzig, achthundertneunundachtzig . . .«

»Das Zählen kannst du wirklich sein lassen, das nützt dir gar nichts«, sagte Marian kopfschüttelnd. »Du kannst die Zahl bestenfalls erraten.«

Dann hatte ich eine Idee.

»Zählen nützt doch etwas – wenn man schlau genug ist . . .«

Am nächsten Morgen ging ich in die Eisenwarenhandlung. Andersen, der Besitzer, bediente mich höchstpersönlich.

»Ich brauche einen gußeisernen Topf«, sagte ich.

»In einer bestimmten Größe?«

»Ja. Er soll genauso groß sein wie der im Schaufenster.«

Ich merkte förmlich, daß er innerlich heftig zusammenzuckte. Dann sah er mir sehr direkt in die Augen und sagte so leise, daß es die anderen Kunden nicht hörten: »Sie sind mir ja ein ganz Schlauer! Auf die Idee ist außer Ihnen merkwürdigerweise noch keiner gekommen. Einen Moment, ich hole nur schnell den Topf.«

Er brachte ihn, und ich bezahlte.

Dann begleitete er mich zur Tür. Bevor ich den Laden verließ, sagte er: »Ich halte Ihnen die Daumen. Hoffentlich erraten Sie die richtige Zahl! Sie verdienen es.«

Ich begab mich zum Lebensmittelhändler gegenüber.

»Womit kann ich dienen?« fragte er.

»Geben Sie mir zehn Pfund Erbsen«, sagte ich.

»Grüne oder gelbe?«

»Die gleichen, die Andersen, der Eisenwarenhändler, vor kurzem für seine Weihnachts-Schaufensterdekoration gekauft hat.«

Der Lebensmittelhändler überlegte ein paar Sekunden.

»Tja, welche Sorte hat er nur genommen? Ach ja, jetzt weiß ich's wieder. Er hat einen Kürbis und ein Paket Trockenerbsen gekauft. Aber ob es ein Ein- oder Zweikilopaket war, kann ich wirklich nicht mehr sagen?«

»Er hat einen Kürbis gekauft? Sind Sie sicher?«

»Aber ja doch, absolut sicher.«

Was für ein Schlaufuchs! Natürlich! Er hat einen Kürbis unter die Erbsen gelegt, um die Sache zu erschweren. Doch ich durchschaute ihn ...

»Ich hätte gern ein großes Paket halbierter gelber Erbsen und einen Kürbis. Er soll genauso groß sein wie der, den Sie Andersen verkauft haben.«

Mit dem Kürbis, den Erbsen und dem gußeisernen Topf bewaffnet, marschierte ich nach Hause. Dort legte ich zuerst den Kürbis in den Topf, zählte dann eine Handvoll Erbsen ab – ich kam auf ungefähr fünfhundert – und streute eine Handvoll nach der anderen in den Topf. Als ich bei 12784 angelangt war, war der Topf voll. Während ich mir die Zahl notierte, kam Marian vom Einkaufen zurück.

Sie warf einen Blick auf den gußeiseren Topf und sagte: »Du willst also auch dein Glück versuchen. Ich habe vorhin meine geschätzte Zahl bei Andersen hinterlegt – 21417.

»Bist du närrisch? So viele gehen in den Topf nicht rein! Andersen hat einen Kürbis unter die Erbsen gelegt, um die Leute aufs Glatteis zu führen. Er ist ein Fuchs.«

»Er hat einen Kürbis in den Topf getan? Woher weißt du das?«

»Ich habe meine Gehirnzellen aktiviert und sehr schnell gedacht.« Ich klopfte mir mit dem Fingerknöchel auf die Schläfe. »Wenn der Wettbewerb am Freitag zu Ende ist, werde ich um tausend Kronen reicher sein, und dann bekommst du vielleicht sogar die Cocktailschürze, die ganz am Ende deines Weihnachtswunschzettels steht.«

Am Freitag nahm Andersen den Topf mit den Erbsen aus dem Schaufenster, und ich ging hinüber, um zu erfahren, wer die tausend Kronen gewonnen hatte.

»Ihre Frau«, sagte er und beglückwünschte mich. »Sie hat 21417 geschätzt, und im Topf waren 21419.«

»Unmöglich«, widersprach ich. »So viele Erbsen gingen gar nicht in den Topf rein, nachdem Sie den Kürbis hineingetan hatten.«

»Den Kürbis? Was für einen Kürbis?«

»Sie hatten doch zugleich mit den Erbsen einen Kürbis gekauft.«

»Ach den! Den hat meine Frau eingemacht. Ich esse leidenschaftlich gern Kürbiskompott zur Weihnachtspastete.«

Ich ärgerte mich schrecklich und war sehr böse auf Andersen.

»Ich dachte, Sie hätten Ihre Phantasie ein bißchen angestrengt und nicht einfach Erbsen in einen Topf getan, bis er voll ist. Auf so einfallslose Art sollte man kein Weihnachtsratespiel veranstalten.«

Ehrlich wütend marschierte ich hinaus.

Zu Hause fragte ich Marian, wie sie auf die Zahl 21417 gekommen war.

»Ich habe einfach drauflosgeraten. Weißt du denn nicht, was 21417 für eine Zahl ist? Es ist die Nummer unseres Lotterieloses. Und zum erstenmal hat sie gewonnen. Ist das nicht phantastisch!«

Ich schenkte ihr zu Weihnachten den gußeisernen Topf. Mehr hatte sie meiner Meinung nach nicht verdient.

Aber eine gute Generalversammlung war's trotzdem!

Ich war zwar nie ein Caruso, Gigli, Kollo oder Tom Jones. Meine Stimme ist aber auch nicht so schlecht, als daß man mich nicht noch als Brummer im Gesangsverein »Die Leier» brauchen kann. Einmal jährlich halten wir unsere Generalversammlung ab, ich sitze im Vorstand, es wird immer später, als vorgesehen, und der Abend verläuft meistens auch ziemlich feucht. Aber was soll's, wenn man das ganze Jahr hindurch jeden Donnerstag seine ganze Seele in *»Am Brunnen vor dem Tore«* und *»Wer hat dich, du schöner Wald«* hineingelegt hat, dann bin ich der Meinung, daß uns diese Generalversammlung zusteht.

Glücklicherweise gibt es heutzutage nicht mehr diese Art von Furien, die sich drohend an der Haustür aufstellen und danach gieren, einem das Fell zu gerben, wenn man einmal etwas später nach Hause kommt. So ist meine Marianne nicht, und sie ist es nie gewesen. Und dafür bin ich ihr dankbar. Aber damit sei nicht gesagt, daß sie es besonders lobenswert findet, wenn ich spät nach Hause komme. Im Gegenteil, sie sieht es gern, wenn ich früh nach Hause komme. Und das war vor kurzem der Fall, als ich gegen vier Uhr morgens von unserer Generalversammlung nach Hause kam. Ich hatte große Schwierigkeiten, das Haus zum Stillhalten zu bewegen, während ich das Schlüsselloch suchte. Endlich hatte ich es gefunden. Blitzschnell steckte ich meinen Zigarrenstummel hinein und drehte ihn zweimal herum, hatte jedoch nicht bedacht, daß diese Art von Zigarren keine Schlösser öffnen können. Ich durchwühlte meine

Glücklicherweise gibt es heutzutage nicht mehr diese Art von Furien, die sich drohend an der Haustür aufstellen und danach gieren, einem das Fell zu gerben, wenn man einmal etwas später nach Hause kommt . . .

Taschen, bis ich das Schlüsselbund fand und endlich ins Haus konnte. Eine ganze Schachtel Streichhölzer verwandte ich darauf, den Lichtschalter zu suchen, was ich mir aber hätte sparen können, denn das Licht war eingeschaltet. Das fiel mir allerdings erst auf, als ich den Lichtschalter betätigte, worauf alles dunkel wurde. Im Schutz der Dunkelheit entledigte ich mich meiner Schuhe und hängte sie fein säuberlich an die Garderobe, während ich meinen schwarzen Filzhut unten im Schrank verstaute. Ohne Lärm zu machen – ich wollte Marianne ja nicht wecken –, zog ich mich aus und legte die Klamotten auf die Kommode. Dann schlich ich die Treppe hinauf zum Schlafzimmer. Vorsichtig bückte ich mich, um durchs Schlüsselloch zu lugen. Ich wollte herausfinden, ob Marianne das Licht brennen hatte. Ich lugte und lugte, fand das Schlüsselloch aber nicht. In diesem Haus müssen unbedingt noch ein paar weitere Schlüssellöcher in die Türen gebohrt werden, überlegte ich, bis ich entdeckte, daß die Tür zum Schlafzimmer offenstand. Es brannte kein Licht. Also schlief sie. Rückwärts bewegte ich mich auf mein Bett zu. Wenn man rückwärts geht, kann man notfalls schnell wieder abhauen. Mit einem Bein stieß ich gegen einen Hocker. Marianne fuhr hoch und schaltete die Nachttischlampe ein. Ohne mir etwas anmerken zu lassen, ging ich zur Tür, als wäre ich gerade aufgestanden.

»Wo willst du denn hin?« Ihre Stimme hatte genau den Klang, den ich nicht leiden kann. Jedenfalls konnte man solche Töne nicht einem Manne bieten, der gerade von der Generalversammlung des besten Gesangsvereins am Ort nach Hause kam.

»Wer, ich? Nirgendwohin! Ich geh nur mal runter. Ich hörte die Katze bellen, und dann . . . ich dachte . . .«

»Wir haben keine Katze«, stellte sie kühl fest.

»Nein, du hast ja recht, Schatz. Aber wie ist es mit Hund? Haben wir einen?«

Sie erhob sich halb.

»Wo kommst du eigentlich um diese Zeit her?«

Ich wies auf das Doppelbett.

»Von dort, mein Engel! Ich wurde wach und spürte, daß meine Füße nicht zugedeckt waren, und wollte daher runtergehen, um sie auf . . . am Kamin zu wärmen. Sie sind eiskalt.«

»Dann deck sie doch einfach zu.«

»Glaubst du etwa, ich will diese kalten Dinger unter meiner herrlich warmen Decke haben?«

»Du bist überhaupt nicht im Bett gewesen . . . es sei denn, du hast mit Oberhemd und Schlips geschlafen!«

Sie reckte sich nach dem Wecker, um nachzusehen, wie spät es war.

»Bist du am Eierkochen, Schatz?« kam es unbedacht aus meinem Mund. Im gleichen Augenblick flog der Wecker wie ein Projektil durch die Luft. Ich duckte mich . . . aber zu spät. Der Wecker traf mich voll an der Stirn, fiel zu Boden und begann zu läuten.

»Aufstehen!« murmelte ich und versuchte, die Lage von der humoristischen Seite zu sehen. Was aber keine gute Idee war, denn Mariannes Pantoffel flog mir ins Gesicht, so daß meine Brille in hohem Bogen auf dem Boden landete und zersprang.

»Das waren 150 Kronen für eine neue Brille«, stellte ich mit einem Blick auf die Splitter fest. Es folgten ein Zerstäuber und ein Flacon mit französischem Parfüm. Sie hatte schlecht gezielt, der Flacon traf den Spiegel. Beides ging kaputt.

»Das waren 65 Kronen für das Parfüm, wir haben es

damals im Flugzeug nach Mallorca gekauft, und 200 Kronen für den Spiegel. Macht alles zusammen 415 Kronen. Sollten wir es nicht dabei belassen?«

Marianne war anderer Meinung. Sie fuhr aus dem Bett und hinüber zu ihrem Kleiderschrank. Ich wußte, was jetzt kommen würde. Sie würde zu ihrer Mutter fahren. Auf der Stelle fühlte ich mich absolut nüchtern. Es gab jetzt nur eines, nämlich dem Lauf der Ereignisse vorzugreifen. Blitzschnell kniete ich mich vor meinem Bett hin und vergrub das Gesicht in den Kissen. Dann erhob ich mein Gesicht wieder und sagte mit Verzweiflung in der Stimme, Verzweiflung, gepaart mit dem Gefühl, zu Unrecht so behandelt zu werden:

»Oh, ihr Emanzipierten habt auch für nichts Verständnis! Da rackert man sich das ganze Jahr hindurch ab, und was tue ich, dieses eine Mal im Jahr, wo ich etwas spät nach Hause komme? Ich tue alles, um dich nicht zu wecken, nehme jede nur erdenkliche Rücksicht, ziehe mich unten im Flur schon aus, schleiche die Treppe hoch, und das alles nur, damit du schön weiterschlafen kannst, damit du deine acht Stunden Schlaf bekommst. Nein, ich halte das nicht mehr aus . . . ich . . . ich fahre nach Hause zu meiner Mutter, jawohl!«

Marianne blickte mich überrascht an.

»Was tust du?«

»Was ich gesagt habe: Ich fahre zu meiner Mutter«, antwortete ich stur.

Sie stand ganz ruhig, ohne etwas zu sagen. Sie war deutlich erschüttert.

»Haben wir einen Koffer?« fuhr ich fort. »Könntest du mir bitte ein paar Hemden bügeln? Habe ich einen sauberen Schlafanzug, und wie ist es mit Taschentüchern? Ich brauche auch einen zweiten Anzug.

Einmal jährlich halten wir unsere Generalversammlung ab, ich sitze im Vorstand, es wird immer später, als vorgesehen . . .

Ist der helle schon von der Reinigung zurück? Oder meinst du, ich sollte besser den dunkelbraunen mitnehmen? Denkst du bitte nächste Woche daran, die Hypothek zu bezahlen, und grüß die Kinder, du kannst auch ruhig meine Briefmarkensammlung verkaufen, damit ihr in der ersten Zeit etwas zum Leben habt, zu Weihnachten schreibe ich euch eine Karte, und . . .«

»Was redest du denn da für einen Unsinn!« rief sie aus und kam zu mir und küßte mich auf die Stirn. Genau dorthin, wo mich der Wecker getroffen hatte.

Kleiderbügel sind ja ein Kapitel für sich . . .

Bitte nehmen Sie es mir nicht übel, aber wie man einen Menschen nach seinen Schuhen beurteilen kann, ob sie geputzt oder ungeputzt sind, so gucke ich nach den Kleiderbügeln, die Sie mir für mein Zeug reichen. Sind es billige Drahtbügel, dann weiß ich, wie Ihr Zuhause im übrigen aussieht.

Kleiderbügel sind ja ein Kapitel für sich. In früheren Zeiten herrschte ständig Mangel an Bügeln. Öffnete man seinen Garderobenschrank, waren die wenigen Bügel, die man besaß, mit Sicherheit behängt. Dann stand man da und hatte keine Ahnung, was man mit seinem Mantel machen sollte. Vielleicht behielt man ihn an, vielleicht warf man ihn über einen Stuhl, vielleicht fand man einen Nagel an der Wand.

Unterwegs auf Reisen konnte man von Glück sagen, wenn man im Schrank seines Hotelzimmers auch nur einen einzigen Bügel vorfand. Wenn man das Hotel verließ, ließ man ihn selbstverständlich »mitgehen« – denn die Not der Lage verlangte, daß man sich selbst den letzten Hotelbügel sicherte und in den Koffer packte, um im nächsten Hotel wenigstens einen Bügel zur Verfügung zu haben. Hotelaschenbecher, Hotelbestecke und Hotelhandtücher zu klauen war ja fast Diebstahl, aber sich Hotelbügel zu organisieren galt als ganz legal.

Die Form der Bügel hat sich im Laufe der Jahre erheblich gewandelt. Die ersten Bügel, an die ich mich erinnere, bestanden einfach aus einem Stück hängeschultergeformtem Eschenholz mit einem gebogenen Eisendraht als Aufhänger. Später sah man zu seltenen

»Wo kommen bloß all diese gräßlichen Drahtbügel her?« habe ich Marianne mehrmals gefragt . . .

Ich vertrete meine eigene Theorie zu den Milliarden von Drahtbügeln, die zur Zeit die westliche Welt überschwemmen. Ich glaube, die Russen schicken sie uns . . .

Anlässen – und auch da nur in den Garderoben herrschaftlicher Häuser – die gediegenen, mit Zellulose lackierten Buchenholzbügel, in vollendeter Formgebung, so daß kostbare Pelze sich fein an die Rundungen schmiegen konnten, ohne ihre Schulterform zu verlieren. Solche Luxusbügel trugen exklusive Metallschilder, die mit elegant geschwungenen Buchstaben ihre vornehme Herkunft verrieten: MAGASIN DU NORD, PARIS, oder C. A. BANG, COPENHAGUE, oder MURRAY'S, LONDON. Ja, die Bügel strahlten Atmosphäre aus, so sehr, daß man nicht wagte, diese High-Society-Attribute mitgehen zu lassen.

Dann brachten die Eisenwarenhandlungen ihre Modelle auf den Markt, massenweise hergestellte Standardbügel aus Teakholz, die jedem Mantel und jedem Jackett die Form verdarben. Man konnte sie in Bündeln zu sechs Stück kaufen, und allmählich galt es als Statussymbol, nur Teakholzbügel in seiner Garderobe hängen zu haben. Die alten hängeschulterförmigen Eschenholzbügel wurden ausrangiert und weggeworfen, und die Andenken an HOTEL KRAMER, MALMÖ, und VIER JAHRESZEITEN, HAMBURG, wurden ins Gästezimmer abgeschoben.

Aber heute . . . und hier nähern wir uns dem Kern des Problems: Vor ein paar Jahren tauchten die in jeder Beziehung anonymen Drahtbügel auf. Auf den ersten Blick erinnerten sie an das eingetrocknete Skelett eines richtigen Holzbügels. Sie waren aus einem Stück gemacht, mit Haken, Hosenstange und allem. Zu uns ins Haus gelangten die ersten Exemplare wohl mit ein paar Kleidern aus der Reinigung. Heute ist unsere ganze Wohnung voll von diesen Drahtbügeln, in sämtlichen Kleiderschränken wimmelt es davon, obwohl wir nie einen einzigen gekauft haben. Sie sind die reinste Landplage und vermehren sich wie die Kaninchen.

Hat man zehn Drahtbügel in seinem Schrank hängen, so sind es einen Monat später sicher zwanzig Stück. Mehrmals habe ich einen Armvoll in den Mülleimer geworfen, aber 14 Tage später ist der Schrank schon wieder von Drahtbügeln überfüllt. Man steht vor einem Rätsel.

»Wo kommen bloß all diese gräßlichen Drahtbügel her?« habe ich Marianne mehrmals gefragt, wenn ich wieder den Schrank nach einem richtigen Bügel durchsucht hatte – nach einem schultergeformten Holzbügel beispielsweise, um meine Smokingjacke aufzuhängen.

Bis jetzt hat mir auch Marianne noch keine befriedigende Antwort geben können. Ich vertrete meine eigene Theorie zum Problem der Milliarden von Drahtbügeln, die heutzutage die westliche Halbkugel verheeren. Ich glaube, sie kommen aus Rußland, als ein Schachzug der psychologischen Kriegsführung gegen die kapitalistische, die imperialistische Welt. Wenn sämtliche Garderobenschränke der westlichen Länder, alle Wohnungen, Häuser, Hotels und Büros von diesen grimmigen Drahtbügeln überquellen, dann hofft der Osten, daß wir alle die Nerven verlieren und Amok laufen, daß wir uns in unbändiger Hysterie mit diesen Drahtungeheuern gegenseitig umbringen.

Sollten Sie eine andere, besser fundierte Theorie vertreten, würde ich gern von Ihnen hören. Zum Dank für Ihr Interesse an einer so bedeutenden Angelegenheit sende ich Ihnen gern 100 Stück Drahtbügel, kostenlos.

Ich weiß nicht, ob das bei schreibenden Menschen immer so ist oder ob ich ein Sonderfall bin. Jedenfalls steht fest, daß ich nie ein besonders geselliger Mensch gewesen bin.

Bei mir besteht die Kunst, im gesellschaftlichen Leben zu bestehen, darin, mit geschlossenem Mund zu gähnen. Aber ich KANN natürlich einen Kaffeetisch mit Gebäck bewältigen, und seitdem ich neulich auf ein durchaus brauchbares Handbuch für häusliche Partyspiele gestoßen bin, habe ich sogar beträchtliche Gewinne aus einem abendlichen Zusammensein mit ein paar Freunden des Hauses ziehen können.

Marian war zu dem Schluß gekommen, daß wir uns bei den Nuttalls zu revanchieren hätten. So ging über das Telefon eine Einladung nach Hoboken, und sie versprachen zu kommen. Ich will offen gestehen, daß ich mit den Nuttalls nicht gar so viel gemeinsam habe, aber Marian und Mrs. Nuttall sind zusammen im Bridgeclub, und so sehen wir uns ein paarmal im Jahr zu einer guten Tasse Kaffee mit wirklich gutem Gebäck aus eigener Küche, etwas Kognak und vielleicht einem späten Imbiß. Ganz bescheiden.

Als wir die Zigarren angezündet und die Kognakflasche fast geleert hatten, versuchten wir uns ein bißchen zu unterhalten, Nutall und ich, aber das Gespräch versandete rasch, und nach der dritten, fast schmerzhaften Gesprächspause holte ich das Buch der Partyspiele.

»Übrigens ist eben ein neues Buch der Partyspiele herausgekommen«, sagte ich. »Manches scheint recht lustig zu sein.«

»Als ich ein junges Mädchen war, spielten wir ›Teekessel‹ und ›Kerze geh herum‹«, rief Mrs. Nuttall aufgeregt. »Stehen die auch im Buch?«

»Nein, aber hier ist ein Wörterratespiel, das ganz drollig zu sein scheint«, sagte ich. »Man nimmt an, daß die gesellschaftlichen Veranstaltungen in den kommenden Jahren dadurch umgekrempelt werden. Vielleicht sollten wir es versuchen, damit wir gewappnet sind, wenn das ganze Land davon erfaßt wird. Also . . . man schreibt ein Wort auf ein Stück Papier, dann fügt man der Reihe nach einen Buchstaben an, so daß dauernd neue Wörter entstehen und . . .«

»Das ist alt«, unterbrach mich Nuttall. »Da bin ich seit dreißig Jahren Fachmann! Keiner schlägt mich dabei! Fangen wir an.«

Triumphierend betrachtete er uns, so, als sei er schon Landesmeister geworden.

Ich schrieb den Buchstaben O auf ein Papier und gab Nuttall den Bleistift. Er saß eine Minute da und wirkte übertrieben nachdenklich.

»Es kommt vor allem darauf an, es für euch besonders schwer zu machen«, erklärte er und fügte ein A an.

»OA«, sagte Marian. »Das ergibt keinen Sinn.«

»Abkürzung für ›ohne Anhang‹«, erwiderte Nuttall von oben herab. »Abkürzungen sind auch zugelassen.«

Er gab mir den Bleistift.

Ich schrieb sofort OAT.

»Das ist doch nichts!« wandte Marian ein. »RAT schreibt man mit R. Wenn du schwindeln willst . . .«

»Ich schreibe nicht RAT. Oat, das sind Haferflocken, die kleine Kinder zum Frühstück essen.«

»Oder Magenkranke«, ergänzte Nuttall.

Mrs. Nuttall hatte eine Idee. Sie riß mir den Bleistift aus der Hand und fügte triumphierend ein C hinzu.

»COAT wie Trenchcoat. Also ein Kleidungsstück . . .«

»Ja, das stimmt«, sagte Nuttall und gab Marian den Bleistift.

»Jetzt Sie!«

Marian saß lange da und nagte am Bleistift. Dann hellte sich ihre Miene auf. Sie hatte offenbar eine sehr gute Idee.

»Fangen wir neu an mit einem anderen Buchstaben«, schlug sie vor. Mit dem kommt man doch nicht weiter. COAT ist ein blödes Wort. Man kann vorne und hinten nichts Gescheites anfügen.«

»O doch, kein Problem!« Nuttall lächelte zuversichtlich und schrieb COATL.

»Coatl?« las Marian zweifelnd. »Gibt es denn etwas, das so heißt?«

»Felseninsel im bolivianischen Teil des Toticaza-Sees!« teilte uns Nuttall knapp und überlegen mit.

»Ah, eine Felseninsel«, sagte Marian. »Das wußte ich nicht. Ich glaube auch nicht, daß wir das in der Schule gelernt haben. Aber die war ja auf Long Island.«

»Man muß seine Geographiekenntnisse eben vertiefen«, stellte Nuttall fest und blies eine Rauchwolke gegen die Decke. Mrs. Nutall erhielt den Bleistift. Sie gab auf und reichte an mich weiter.

»Zuerst Ihr Mann«, schwindelte ich. Soviel ich sehen konnte, ging es nicht mehr weiter. Ich rollte den Bleistift zu Nuttall hinüber. Ohne zu zögern, schrieb er LCOATL. Die Frauen protestierten heftig. Wieder brachte Nuttall sie mit einer kurzen Mitteilung zum Schweigen.

»Französischer Maler des Rokoko, bekannt für seine ›Schlafende Madonna‹ im Louvre. Starb 1864 völlig verarmt in Marseille. Trank sich in einem Bordell zu Tode.«

Marian war tief beeindruckt.

»Man muß seine Geographiekenntnisse eben vertiefen«, stellte Nuttall fest und blies eine Rauchwolke gegen die Decke . . .

»Sie wissen wirklich alles«, sagte sie. »Wenn nur mein Mann auch so vielseitig wäre. Er kann nur mitreden, wenn es um Billard, Trabrennen und solche Dinge geht, aber jetzt wette ich, daß Sie nicht mehr weiterkönnen.«

»Nein?« sagte Nuttall und fügte ohne Zögern ein A an.

»ALCOATL?« sagten die Frauen im Chor.

»Arabisches Wort für Burg, gebräuchlich in Spanien für Burgen auf großer Höhe aus der maurischen Zeit«, teilte Nuttall mit und lehnte sich auf dem Sofa zurück, um die Bewunderung der Damen zu genießen. Ich stand auf.

»Wo gehen Sie hin?« fragte Nutall schnell.

»Ich will das in einem Lexikon nachschlagen.«

Nuttall erhob heftige Einwände.

»Dann mache ich nicht mehr mit. Wenn Sie Ihre Zeit für solche Dinge verschwenden und über die richtige Schreibweise diskutieren wollen, ziehe ich mich aus dem Spiel zurück. Ich bin dann nicht mehr interessiert.«

»Na gut«, sagte ich und sank in meinen Sessel zurück. »Dann machen wir ohne Lexikon weiter.«

Nuttall gab mir den Bleistift. Das Spiel begann mich zu ärgern. Ich wollte nicht ausgelacht und vor den Frauen in ein schlechtes Licht gesetzt werden, nur weil dieser Holzkopf Nuttall schwindelte. Ich war überzeugt, daß es das Wort ALCOATL nicht gab. Also . . . wenn er schwindeln konnte, konnte ich es auch. Entschlossen fügte ich ein Z an. Auf dem Blatt stand klar und deutlich ZALCOATL.

»Was heißt denn das?« fragte Nuttall entgeistert. Er hatte sich offenbar nicht träumen lassen, daß ich mit dem Wort ALCOATL noch etwas anfangen konnte.

»Alter griechischer Name für eine schwarze Kalotte, 1648 während des Einzugs der Gladiatoren in Sevilla vom Papst in Rom getragen«, erklärte ich schnell, ohne den Blick von Nuttall abzuwenden.

Einige Sekunden lang herrschte tiefe Stille.

»Wir können das nachschlagen, wenn Sie wollen«, bot ich Nuttall an, »aber dann müssen wir auch ALCOATL nachsehen.«

Dafür interessierte er sich immer noch nicht.

»Stimmt es, daß ZALCOATL ein schwarzes Komplet . . . Quatsch, schwarzer Kapott . . . wie war das?«

»Schwarze Kalotte!«

»Gut, akzeptiert. Versuchen Sie es noch einmal!«

Ich wußte, daß ich Nuttall mit seinem ALCOATL fest in der Zange hatte, fügte also ohne zu zögern ein T an. Das Wort lautete jetzt TZALCOATL. Rasch interpretierte ich den Text:

»Ursprünglich der Titel für den Erzbischof von Tibet und Spangkuk. Wird jetzt abwertend gebraucht für Nachkommen von Zar Nikolai und Kaiserin Marie Antoinette. Außerdem findet man das Wort während des Ramadan auf moslemischen Speisekarten in Belutschistan, wo es eine Portion indische Windbeutel mit dicker Sauce bedeutet.«

»Das mit den Windbeuteln ist natürlich ein Witz«, stellte Nuttall fest, »aber der Rest trifft zu. Er ist keineswegs dumm. Ich bin sogar stolz darauf, endlich einen Ebenbürtigen kennengelernt zu haben. Tja, ich glaube, jetzt bin ich an der Reihe. Mal sehen, mit der Zeit wird es ein bißchen schwierig. Ja, so geht es. Zuerst fügen wir ein E an, und da es sich um einen Vokal handelt, darf man noch einen Buchstaben anreihen. Das ist ein U, also heißt es jetzt UETZALCOATL.«

Nuttall zwinkerte mir verschwörerisch zu, ohne daß die Frauen es sahen.

»Können Sie das auflösen, alter Freund?« fragte er eifrig.

»Sie wissen wirklich alles«, sagte Marianne, »wenn nur mein Mann auch so vielseitig wäre!«

»UETZALCOATL?« sagte ich vor mich hin, ohne mit der Wimper zu zucken. »Das ist ein galizisches Blasinstrument, hergestellt aus ausgehöhlten Kürbissen. Während der Kreuzzüge wurde es am Hof von Scheich Abdullah eingeführt, wo der Earl of Bothwell und der Maharadscha von Magipur es als Trinkgefäß benutzten, bevor der Endkampf um Kaiser Wilhelms Bart begann.«

Nuttall klopfte mir begeistert auf die Schulter.

»Richtig, völlig richtig! Unglaublich, wie Sie sich verbessert haben!«

»Ich verstehe einfach nicht, wie ihr noch weitermachen könnt«, meinte Mrs. Nuttall.

»Du weißt mehr, als ich dachte«, lobte Marian.

»Meinetwegen können Sie es im Lexikon nachschlagen«, sagte ich zu Nuttall, um zu testen, ob ich ihm voll vertrauen konnte.

»Lassen Sie doch! Kostet zuviel Zeit. Wird akzeptiert. Und jetzt zum zwölften und letzten Buchstaben. Wollen Sie, oder soll ich?«

Ich griff nach dem Bleistift. Wahllos nahm ich den Buchstaben Q, um es ganz schwierig zu machen.

»QUETZALCOATL«, sangen die Frauen im Chor. »So etwas gibt es aber ganz bestimmt nicht.«

Ich zwinkerte Nuttall zu. Marian sah es. Sie roch sofort den Braten.

»Ihr schwindelt uns was vor«, sagte sie empört. »All die Wörter, die ihr erfunden habt, gibt es überhaupt nicht. QUETZALCOATL, was für ein Unsinn!«

»Schlag doch nach!« sagte ich, ohne lange zu überlegen. Nuttall gab mir einen Tritt.

»Lexika sind keine da«, reagierte er schnell. »Das Spiel ist vorbei, und wir haben 12 Buchstaben geschafft. Das ist ein neuer amerikanischer Rekord.«

Marian stand auf. Sie ging zum Bücherregal und suchte Band 18 unseres Lexikons heraus. Sie sah unter Q nach.

»Die Schreibweise ist vielleicht nicht ganz exakt«, versuchte ich vorzubringen, »aber das Wort gibt es wirklich. Vielleicht nicht in unserem Lexikon, aber ich bin überzeugt, in der Universitätsbibliothek oder in ...«

Marian warf mir einen verachtungsvollen Blick zu. Plötzlich stockte ihr der Atem.

»QUETZALCOATL«, las sie vor, »der Mondgott der Azteken, dargestellt als gefiederte Schlange, Lehrer und Führer der Nahuana, die einen großen Tempel in Cholula besaßen.«

Ihre schnaubende Verachtung von vorhin wich einem staunend aufgeklappten Unterkiefer. Dann verwandelte sich auch dieser Gesichtsausdruck, und zwar in etwas, das ich, ohne zu zögern, als ein Konglomerat aus nervlicher Anspannung, Hochachtung und Ehrfurcht bezeichnen würde. Keine schlechte Mischung, übrigens!

Den Rest des Abends saßen Mrs. Nuttall und sie da und starrten mich mit fassungsloser Bewunderung an. Soweit muß man die Damen bringen. Falls das Fernsehen jemals einen wirklichen Experten für eine Quizsendung brauchen sollte, weiß man jedenfalls, an wen es sich zu wenden hat.

Als die Nuttalls gegangen waren, zog Marian sich in eine abgelegene Zimmerecke zurück. Sie sagte unverhohlen, sie habe Bedenken, im selben Haus mit einem Mann zu sein, der ein solches beinahe unheimliches Wissen über alle Dinge besitze.

Einen gemütlichen Abend zu Hause ...

Draußen pfiff ein kalter Nordwind, steif und anhaltend, die Blätter stoben nur so, schwere Regentropfen klatschten ans Fenster, es war ein richtiges Sauwetter. Ich ging durch die Zimmer und zog die Gardinen zu, warf noch etwas Birkenholz ins Kaminfeuer, holte mir die Tageszeitung und sank dann schwer in meinen Lieblingssessel.

»Ehrlich gesagt«, meinte ich und fuhr dabei an der Stelle fort, wo ich aufgehört hatte, als ich aufstand, um die Gardinen zuzuziehen, »habe ich keine große Lust, dich heute abend auszuführen. Wir wollen es uns zu Hause gemütlich machen.«

Ich hielt die Zeitung halb hoch und wartete die Wirkung meines Vorschlages ab.

Keine Antwort.

»Jetzt hör mir mal zu«, sagte ich kurz darauf, als ich meine Pfeife anzündete. »Es gibt ja auch noch etwas, das sich Familienleben nennt, oder? Gestern abend habe ich dich ausgeführt, vorgestern abend ebenfalls, und wenn ich mich recht entsinne, auch am Abend vorher ... eigentlich jeden Abend dieser Woche. Heute abend bleibe ich hier. Du kriegst mich einfach nicht vor die Tür. Und damit Schluß!«

Ich starrte in die Zeitung. Ich hatte das Gefühl, irgendwie besser hart bleiben zu können, wenn ich sie nicht anblickte.

»Und das ist mein letztes Wort in dieser Angelegenheit«, setzte ich noch eins drauf.

Ich legte die Zeitung auf die Marmorplatte unseres kleinen spanischen Medaillontischchens und beugte

»Heute abend bleibe ich hier. Du kriegst mich einfach nicht vor die Tür. Und damit Schluß!«

mich vornüber, um die Schnürsenkel zu lösen – ich wollte meine Hausschuhe anziehen. Ich wußte, daß ihr Blick bettelnd an mir hing, ich ließ mir aber nichts anmerken und vermied es, in ihre Richtung zu blicken.

»Es sollte mich nicht wundern, wenn jetzt eine Träne kullert!« dachte ich. »Aber bitte sehr, kleine Dame ... heul ruhig! Ich bin früher auf deine kleinen Tricks hereingefallen, heute abend aber nicht!«

Auf einen gemütlichen Abend hatte ich mich eingerichtet, und ein gemütlicher Abend sollte es werden.

Ich hörte sie schnaufen. Demonstrativ.

»Ja, ja«, dachte ich und stopfte den Tabak besser in die Pfeife. »Schnauf ruhig, mein Mädchen. Aber es wird dir nichts helfen. Ich bleibe hier in meinem Sessel!«

Ich streifte die Schuhe ab und bewegte die Zehen ein bißchen hin und her. Mittlerweile hatte ich das Alter erreicht, wo es eine der größten Befriedigungen im Leben ist, seine Schuhe, die eine halbe Nummer zu klein sind, auszuziehen, wenn man Feierabend hat und sich einen gemütlichen Abend machen will.

»Wo sind meine Hausschuhe?« fragte ich.

Sie reagierte nicht. Das hatte ich übrigens auch nicht erwartet. »Na ja«, dachte ich. »Ich kann es ja noch einmal versuchen. Vielleicht hört sie ja nicht mehr so gut!«

»Hast du Lust, mir mal eben meine Hausschuhe zu holen? Ich sitze gerade so gut. Und heute war ein hektischer Tag ... Was da alles los war! Sie stehen unter dem Telefontisch im Flur.«

Meine Pfeife war ausgegangen, ich legte sie weg – und bemerkte, daß sie sich inzwischen erhoben hatte. Immerhin etwas! Sie kam zu mir und stellte sich vor mich hin. Ich tat, als ob ich nichts merkte, und schob meine

»Ehrlich gesagt«, meinte ich, »habe ich keine große Lust, dich heute abend auszuführen. Wir wollen es uns zu Hause gemütlich machen . . .«

Schuhe halb unter des Medaillontischchen. Sie blieb vor mir stehen, unbeweglich, bettelnd.

»Jetzt sei mal vernünftig«, sagte ich leicht irritiert. »Ich komme todmüde nach Hause, bin von Verlag zu Verlag und von Sitzung zu Sitzung gerannt ... Wenn man nicht immerzu auf voller Höhe ist, dann beuten dich diese Verleger aus, kann ich dir sagen, das sind harte Kerle ... Ich bin ganz einfach todmüde. Völlig ausgebrannt. Und was ist mit dir? Du bist den ganzen Tag zu Hause und machst es dir bequem. Dir geht es wie dem Dotter im Ei. Keine schwierigen Überlegungen, keine Ärgernisse, keine stressenden Begebenheiten. Du mußt versuchen zu verstehen, daß es Tage gibt, an denen es unbedingt notwendig ist, daß ich mich entspanne. Und deshalb ... heute gehe ich mit dir nirgendwohin. Ich gehe nicht vor die Tür. Und das ist mein absolut letztes Wort in dieser Sache. Fertig! Basta! Finito!«

Sie kam ganz nahe zu mir her. Es war mir einfach nicht mehr möglich, ihrem Blick auszuweichen. »Jetzt muß ich hart bleiben wie grönländischer Granit«, dachte ich.

Bettelnd sah sie mir in die Augen. Sollte ich mich doch opfern? Verdammt, fast tat sie mir leid. Aber nein, draußen peitschte der Regen, es war hundekalt. Ich wollte zu Hause in meinem warmen Zimmer bleiben und es mir mit einem guten Buch bequem machen, vielleicht mit einer guten Tasse Kaffee und einer guten Zigarre.

»Hau ab in die Küche«, sagte ich kalt. »Und laß mich in Ruhe! R-U-H-E bedeutet RUHE!«

Noch nie hatte ich mich getraut, so zu ihr zu sprechen. Niemals! Aber jetzt, wo es gesagt war, bereute ich es nicht. Schließlich war es an der Zeit, ihr klarzumachen, wer hier der Herr im Haus war. Schon längst hätte man das Zaumzeug anlegen sollen. Aber noch war es nicht zu spät. Ich schob den Sessel etwas zurück, legte ungeniert die Beine auf die kühle Marmorplatte des spanischen Medaillontischchens und lehnte mich behaglich zurück. Für eine halbe Stunde eindämmern, das war es, was ich jetzt gebrauchen konnte.

Im selben Augenblick wurde die Tür zum Flur geöffnet. Marianne kam herein. Sie hatte sich anscheinend vor der Spiegelkommode zurechtgemacht, und jetzt hatte die viel zu tiefe Stille im Haus offenbar ihr Mißtrauen geweckt.

»Sag mal«, sagte sie erstaunt, »sitzt du einfach da so rum und faulenzt? Willst du heute abend nicht den Hund lüften?«

»Doch, Liebling, natürlich werde ich den Hund ausführen«, murmelte ich zaghaft und angelte mir schnell meine Schuhe, während die vorher so unglückliche Nelly ausgelassen an mir hochsprang und mir vor lauter Freude und Dankbarkeit das ganze Gesicht ableckte.

Die automatische Merkscheibe

Marianne hatte Einkäufe in der Stadt gemacht und kehrte mit einigen kleinen Neuanschaffungen für die Küche zurück, unter denen sich ein mysteriöses Ding befand, das ich nicht sogleich identifizieren konnte. Es war eine runde Plastikscheibe von der Größe einer Untertasse und glich einem Glücksrad in Taschenformat. Auf der äußeren Kante der Scheibe stand: *Mehl, Grieß, Zucker, Kaffee Salz, Backpulver, Rosinen* . . . und so weiter.

»Das ist ein automatischer Merkzettel«, erklärte Marianne bereitwillig auf meine direkte Frage, »momentan der Top-Schlager auf dem Haushaltswarenmarkt. In einem modernen, dynamischen Haushalt ist er unentbehrlich. Wenn ich zum Beispiel keinen Zucker mehr habe, schiebe ich einen kleinen roten Pfeil vor, bis er auf *Zucker* zeigt – so, sieh mal. Und wenn meine Rosinen zur Neige gehen, dann schiebe ich einen anderen roten Pfeil dahin, so . . .«

»Bis er auf *Rosinen* zeigt?«

»Genau. Wenn ich schnell zum Supermarkt laufen will, brauche ich nicht erst Zeit damit zu verlieren, daß ich einen langen Merkzettel schreibe. Mein Zettel ist bereits fertig. Ich werfe die Scheibe nur in die Einkaufstasche und weiß dann haargenau, was ich brauche, wenn ich im Laden stehe. Toll, was?«

»Ja, sicher.«

Ich verschob einen roten Pfeil. Er zeigte auf *Muskatnuß*.

»Muskatnuß brauchen wir nie im Haushalt«, wandte Marianne ein. »Dagegen fehlen dir so oft die Rasier-

»Ich kann es einfach nicht ausstehen, wenn du mit Bartstoppeln im Gesicht herumläufst, bloß weil dir Rasierklingen fehlen!«

klingen, weil du sie immer nur einmal gebrauchst. Also machen wir folgendes. Wenn wir den roten Pfeil auf Muskatnuß schieben, bedeutet das, daß wir Rasierklingen kaufen müssen. Ich kann es einfach nicht ausstehen, wenn du mit Bartstoppeln im Gesicht herumläufst, bloß weil dir Rasierklingen fehlen.«

»Wäre es nicht einfacher, den roten Pfeil gleich auf Rasierklingen zu stellen?«

»Es gibt keine Rubrik Rasierklingen. Die Zahl der Begriffe, die man auf einer ganz normalen Haushalts-Merkscheibe unterbringen kann, ist natürlich begrenzt.«

Ich schob einen anderen Pfeil auf *Safran*.

»Safran kaufe ich höchstens einmal im Jahr, wenn ich ganz besondere Weihnachtsplätzchen backe. Aber du trinkst doch gern mal ein Dünnbier. Also sagen wir: Safran bedeutet Dünnbier. Wenn kein Dünnbier mehr im Keller steht, dann schiebst du den roten Pfeil auf *Safran*, und dann besorge ich Safr ... ich meine Dünnbier. So einfach ist das.«

Ich zeigte auf die Rubrik *Grieß*. »Grießpudding essen wir auch nie. Das brauchte man früher als Babykost. Was meinst du, was soll *Grieß* bedeuten? Daß wir einen Kasten Dortmunder oder Jever-Pils bestellen? Man kann ja nicht ewig von Dünnbier leben.«

»Aber es gibt doch auch Bier auf der Skala!«

Ich sah mir diese sonderbare Merkscheibe etwas genauer an. Jetzt wollte ich wissen, was sie wirklich wert war.

»Schieb mal den Pfeil auf Hummer«, schlug ich vor.

»Hummer steht da nicht. Die Merkscheibe ist nur für den alltäglichen Haushalt gedacht. Normalerweise hat man ja keine Hummervorräte im Hause. Der Sinn der

Scheibe ist folgender: Wenn man den Küchenschrank öffnet und sieht, daß ein Fach leer ist, dann stellt man den entsprechenden Pfeil ein – so hat man von den allernotwendigsten Dingen immer genug im Haus.«

Ich bemerkte, daß auch *Pommes frites* angeführt waren, und schob den Pfeil darauf.

»Pommes frites haben wir schon lange nicht mehr gegessen«, sagte ich zu Marianne.

»Du kannst doch Pommes frites nicht ausstehen, wir bestimmen einfach, daß *Pommes frites* Kartoffeln bedeutet.«

»Aber Kartoffeln stehen doch sowieso auf der Scheibe. Sollen wir die dann als Pökelheringe ohne Gräten in Dillsauce definieren? Das esse ich für mein Leben gern . . . Wenn man also einen Vorrat an Pökelheringen im Hause halten könnte . . .«

Marianne studierte sorgfältig die Merkscheibe.

»Ich hab's!« rief sie dann begeistert »›Süßer Senf!‹ Es gibt hier keinen süßen Senf. Wenn der Pfeil auf *Pommes frites* zeigt, heißt das, wir kaufen süßen Senf für das Kaßler.«

»Gibt es eine Rubrik für Mausefallen?«

»Natürlich nicht, warum?«

»Weil wir nicht vergessen dürfen, am Samstag fürs Sommerhaus eine Mausefalle zu kaufen.« Ich schob einen Pfeil auf *Gelatine* und erklärte: »So, das bedeutet jetzt, daß wir eine Mausefalle besorgen.«

»Nein, das hat doch keinen Sinn, weil ich nämlich gerade Gelatine brauche. Bei meinen Apfelsinen- und Rumspeisen kann ich auf Gelatine nicht verzichten. *Gelatine* bedeutet Gelatine und nichts anderes.«

»Okay. Dann soll *Muskatnuß* Mausefalle bedeuten«, schlug ich vor und schob einen Pfeil auf *Muskatnuß*.

»Quatsch. Vor ein paar Augenbicken haben wir abgemacht, daß *Muskatnuß* Rasierklingen bedeutet!«

»Soll das heißen, daß wir uns auf keine Weise merken können, daß wir eine Mausefalle brauchen? Können wir nicht irgendwo auf der Scheibe eine kleine Maus malen?«

Marianne überhörte meine Frage. Sie schob einen Pfeil auf *Kandis* und sagte: »So, das ist jetzt deine Mausefalle.«

»Und wo ich gerade daran denke, ich habe keine Zigarren mehr, du weißt, die üblichen Zigarren, die ich nach dem Mittagessen rauche, *Corona Diamantos*. Steht das da drauf?«

Vergeblich suchten wir nach der Bezeichnung *Tabak*.

»Die Scheibe ist offenbar für Nichtraucher konstruiert«, stellte ich enttäuscht fest.

»Hier steht *Salbei*, das brauche ich fast nie. Laß uns sagen, daß *Salbei* für Corona Diamantos steht!«

Einige Tage später hatte ich die Gelegenheit, die Merkscheibe in Funktion zu erleben. Marianne saß am Telefon und bestellte bei unserem Kaufmann verschiedene Waren. Die roten Pfeile standen auf: *Korinthen, Thymian, Oliven, Wassermelonen, Pommes frites* und *Sukade*. Sie ließ einen Finger von Name zu Name gleiten und gab ihre Bestellung mit äußerster Konzentration auf: »Eine Rolle Butterbrotpapier, zwei Bogen weißes Schrankpapier, eine Tube Bearnaise-Essenz, ein Paket Knäckebrot, eine Schachtel Heftzwecken und eine Dose französische Pastete.«

Die automatische Merkscheibe ist in der Tat ein Knüller, um der modernen, fortschrittlich gesinnten, vielbeschäftigten Hausfrau die Arbeit zu erleichtern.

Muttertag

Frauen sind seltsam. Marianne hält den Muttertag für den größten und wichtigsten Festtag im ganzen Jahr. Wie kein anderer dieser alten, würdigen Festtage aus der guten alten Zeit scheint der Muttertag das weibliche Gemüt aufzuwühlen. Denn nur einmal im Jahr wird ihr hartes Schicksal von der Umwelt – also vom Mann – gewürdigt.

Ich habe nur einmal versagt. Letztes Jahr.

»Ich stelle den Wecker auf den Nachttisch, dann kann ich ihn nicht überhören«, erklärte ich am Abend zuvor. »Wenn ich trotzdem verschlafen sollte – würdest du mich dann bitte wach rütteln? Und wenn gar nichts hilft, darfst du mir gern deine Polar-Schock-Behandlung verabreichen.«

Die Polar-Schock-Behandlung ist Mariannes persönliche, satanische Erfindung. Sie holt Eiswürfel aus dem Tiefkühlfach und steckt sie unter meinen Schlafanzug, auf meinen nackten Bauch. Im Bruchteil einer Sekunde ist man aus dem Bett.

»Ich begreife nicht, warum du morgen so früh raus mußt. Morgen ist Sonntag, da kannst du doch bis halb elf im Bett bleiben, wie sonst auch.«

»Morgen nicht. Morgen ist Muttertag. Übrigens, wo hast du den Kaffee?«

Mariannes Gesicht leuchtete auf. »Auf dem Bord in der Ecke. In einer roten Dose, da steht KAKAO drauf.«

»Und das Ei? Hart oder weich gekocht?«

Sie flog mir um den Hals. »Du bist ja ein Wonnestück«, jubelte sie, »ich wette, du willst mir Kaffee am Bett servieren.«

»Kaffee am Bett«, wiederholte ich und zog meine Stirn verständnislos in Falten, »davon habe ich kein Wort gesagt. Aber, wie gesagt, dir ist gestattet, mich mit allen Mitteln aus dem Bett zu jagen. Tu dir keinen Zwang an.«

Zur Sicherheit bestellte ich auch telefonischen Weckruf.

Das Frühstück am Bett sollte eine Überraschung sein. Endlich wollte ich zeigen, daß ich keine Mühe scheute, etwas für meine Mitmenschen zu tun, wenn es darauf ankam. Zum Beispiel Marianne einen richtig schönen Muttertag zu bescheren, wie in den guten alten Zeiten und nach allen Regeln der Kunst. Ich wollte mich nicht damit begnügen, zum nächsten Blumengeschäft zu rasen und ihr ein paar gammelige Rosen zu kaufen. Mein Gott, was bedeutet es denn schon, mal eine Stunde früher aufzustehen? Wenn diese simple Tasse Kaffee am Bett zum Muttertag den Müttern und Frauen unseres Landes so viel bedeutet, den reaktionären Typen also – na ja, dann sollten sie die kriegen.

Ich legte mich also zur Ruhe mit dem festen Entschluß, beim ersten Schrei des Weckers aus dem Bett zu springen. Dem telefonischen Weckruf würde ich natürlich zuvorkommen.

Ob der Wecker im Laufe der Nacht zusammenbrach, ob ich das Telefon überhörte oder ob ich einfach alles verschlief, wird nie geklärt werden. Keine Ahnung, ich weiß nur, daß ich plötzlich wie ein brüllender Löwe mit einem meterhohen Satz aus dem Bett sprang, wobei Eiswürfel in alle Richtungen flogen oder durch meine Pyjamahosen rutschten.

Ich warf einen vorwurfsvollen Blick auf Marianne. Nach ihrem unschuldigen Gesichtsausdruck zu urteilen, mußten die Eiswürfel selbständig aus dem Kühlschrank gehüpft, die Treppe zum Schlafzimmer raufgelaufen sein und sich auf meinen nackten Bauch gelegt haben.

Ich blieb ein paar Minuten auf dem Bettvorleger stehen und ließ den Kopf hängen. Es wurde dunkel um mich, und langsam glitt ich schlummernd ... mit einem Satz fuhr ich hoch. Ein paar Eiswürfel hatten mit voller Kraft meinen Nacken getroffen. Wutschnaubend flog ich zu Marianne rüber und riß ihr die Decke weg.

»Was bildest du dir ein, mich am Sonntagmorgen um diese Zeit zu wecken?«

»Heute ist Muttertag.«

MUTTERTAG. Ich ließ die Decke los und wankte schlaftrunken die Treppe runter. In meinem benebelten Zustand sagte mir das Wort nichts weiter, als daß ich mich in der Küche einzufinden hätte, aber was sollte ich dort? Ich guckte eine Weile verständnislos auf das Waschbecken, den Elektroherd und den Mixer. Auf letzteren starrte ich minutenlang, dann sagte eine innere Stimme meiner Vernunft, daß es unmöglich meine Aufgabe sein könnte, am Sonntagmorgen um 7.16 Uhr Schlagsahne zu schlagen. Ich drehte mich also um und machte mich auf den Weg in mein warmes Bett. Im selben Moment erklang Mariannes hellwache Stimme neben mir.

»Der Kaffee ist in einer roten Blechdose. Da steht KAKAO drauf. Nicht zu übersehen.«

Kaffee am Bett! Das war's! Es war Muttertag, und Marianne sollte Kaffee am Bett serviert haben. Ich schlurfte wieder in die Küche, setzte Wasser auf und fand ein paar Brötchen von gestern. Ich hätte ein Königreich für ein warmes Bett an meiner Seite gegeben, schön kuschelig mit weichen Kissen.

Und dann tat ich etwas, was ich mir mein Leben lang nicht werde verzeihen können und sollte ich zweihundert Jahre alt werden . . .

»Hast du ihn gefunden?«

»Wen?«

»Den Kaffee.«

»Nein, wo ist er?«

»Auf dem Bord in der Ecke. In einer roten Dose, steht KAKAO drauf.«

Ich fand die Dose. Dann schwankte ich die Treppe hoch ins Schlafzimmer. Ich schüttelte Marianne.

In strahlender Erwartung kam sie halb aus dem Bett hoch.

»Du willst mir doch wohl nicht Frühstück am Bett servieren?« frohlockte sie.

»Ich möchte nur wissen, ob dein Mohnbrötchen hart oder weich gekocht sein soll – Quatsch – hart oder weich gekocht – das Ei also?«

»Weich gekocht.«

Ich latschte wieder in die Küche, holte einen Stieltopf, legte ein Ei hinein und setzte ihn auf die Kochplatte. Dann fiel ich müde auf einen Hocker, um die Zeit totzuschlagen, bis das Ei gekocht war. Ich nickte etwas ein und glitt langsam ... ein Pfeifen jagte mich hoch. Der Kessel mit dem Kaffeewasser!

Das Ei war noch nicht fertig. Ich hatte vergessen, Wasser in den Stieltopf zu füllen, aber das Ei war weder angebrannt noch in die Luft gesprungen. Ich hatte auch vergessen, die Kochplatte anzustellen.

Mit einem herzhaften Gähnen, daß es in meiner Schädeldecke knirschte, kletterte ich die Treppe zum Schlafzimmer hoch. Marianne schien fest zu schlafen. Ich berührte ihre Schulter. »Und jetzt dein Brötchen ... was willst du drauf haben? Wo steht die lahme Made ... äh, die Marmelade?«

»In einem Glas, da steht Honig drauf.«

Schlaftrunken wackelte ich auf den Flur und aus alter Gewohnheit in Richtung Badezimmer.

»Zur Küche geht's die Treppe runter, erste Tür links!« rief Marianne mir nach.

Ich änderte die Richtung und erreichte die Küche. Zwanzig Minuten später war der Kaffee fertig und der ganze Klimbim fein angeordnet auf einem Tablett. Nur die Marmelade fehlte. Im Honigglas mußte rote Bete gelegen haben. Jedenfalls bemerkte ich eine Senfgurke mit roter Bete auf dem Tablett. Auf der Türschwelle zum Schlafzimmer stolperte ich. Das Ei fiel runter und rollte aufs Parkett. Aber es hielt, das Ei also. Ich hob es auf und betrachtete es genauer. Es sah merkwürdig dunkelgrün aus. Vielleicht war es doch nicht so weich gekocht. Aber die Form eines Eies hatte es noch.

Ich setzte das Tablett auf Mariannes Decke. Sie war mittlerweile richtig fest eingeschlafen. Inzwischen war es fünf Minuten vor acht geworden. Ich fühlte mich kaum noch schläfrig. Eigentlich war ich hellwach. Ich warf einen Blick auf das Tablett mit dem heißen, dampfenden Kaffee, den warmen Brötchen, dem Ei, Käse und allem anderen.

Und dann tat ich etwas, was ich mir mein Leben lang nicht werde verzeihen können und sollte ich zweihundert Jahre alt werden. Ich schlüpfte ins Bett und vertilgte das Frühstück bis zum letzten Krümel.

Ich bin der Prototyp eines B-Menschen

Ich habe mich nie richtig mit dem merkwürdigen Einfall des Schöpfers abfinden können, daß ein jeder neue Tag unbedingt damit anfangen soll, daß man aufstehen muß. Ich persönlich bin ausgesprochen gegen diese Regelung, aber das hängt vielleicht damit zusammen, daß ich genau eine Stunde nach Mitternacht geboren und zur Welt gekommen bin. Abends bin ich immer hellwach. Ich bin der Prototyp eines B-Menschen.

Der Morgen ist mir eine Pestilenz. Je länger der Abend, desto schwerer der Morgen, wie man so sagt. Dem kann ich mich hundertprozentig anschließen.

Gestern morgen mußte ich um sieben Uhr aufstehen. In solch extremen Fällen, in denen ich früher als gewöhnlich aus den Federn muß, hat Marianne die Aufgabe, mich zu wecken.

Natürlich haben wir mehrere Wecker im Haus, dagegen bin ich aber absolut resistent. Jedenfalls an solchen Tagen, wo ich am Abend vorher sehr spät zu Bett gegangen bin.

Gestern früh erwachte ich dadurch, daß ein Wäschekorb voller klatschnasser Wäsche über meinem Kopf ausgeschüttet wurde, so daß ich fast einen Erstickungsanfall bekam.

»Werd jetzt endlich wach, es ist schon das dritte Mal, daß ich versuche, dich zu wecken!«

Es war kein Korb nasser Wäsche, wie ich angenommen hatte, sondern ein in eiskaltes Wasser getauchter Schwamm, der gegen mein Gesicht gepreßt wurde.

»Ich *bin* wach«, murmelte ich und schob die Hand mit dem nassen Schwamm von meinem Gesicht.

Der Morgen ist mir eine Pestilenz. Je länger der Abend, desto schwerer der Morgen, wie man so sagt . . .

»Dann steht auf. Ich wecke dich nicht noch einmal.«

Das war wenigstens ein kleiner Trost. Ich blieb ganz ruhig liegen, bis ich hörte, daß die Schritte sich entfernten. Dann drehte ich mich auf die andere Seite und schlief ruhig weiter.

Ich erwachte dadurch, daß meine Trommelfelle platzten. Jedenfalls waren sie kurz davor. Auf jeder Seite wurde ein Wecker an mein Ohr gepreßt.

»Wach jetzt auf. Es ist weit nach sieben.«

»Ich hab' doch gesagt, daß ich wach bin.«

»Dann steh auf!«

Ich schob die Hände mit den Weckern von mir fort, blinzelte ein ganz kleines bißchen mit dem einen Auge und bekam gerade noch mit, daß Marianne in Richtung Badezimmer verschwand. Wieder einmal war die Gefahr vorübergegangen, und ich konnte ruhig weiterschlafen.

Plötzlich stellte mein Unterbewußtsein fest, daß eine Hand unter meiner warmen Decke erschien und sich zu meiner untersten Rippe herantastete, an der ich am allermeisten kitzelig bin. Die Hand begann sofort ausdauernd zu kitzeln.

»Ha, ha, ha . . .«, lachte ich und wand mich wie eine Schlange, um dem Kitzeln zu entgehen, was mir aber nicht gelang, denn die Hand folgte erbarmungslos mit.

»Bist du wach?«

»Ja, natürlich bin ich das . . . ha, ha . . . ha, ha . . . hör jetzt auf, zum Donnerwetter!«

Unter brüllendem Gelächter gelang es mir, mich außerhalb der Reichweite ihrer Hände zu werfen.

»Ich stehe jetzt auf . . . in dieser Sekunde.«

Halb aufgerichtet blieb ich sitzen, bis sie verschwunden war. Dann schüttelte ich mir mein Kopfkissen zurecht, legte mich hin und schloß die Augen. Ich wollte mich nur noch fünf Minuten ausstrecken.

Ich schlief wie ein Stein, als ich plötzlich mit einem markerschütternden Gebrüll hochfuhr. Irgend jemand hatte eine Handvoll eisigkalter Eiswürfel auf meinen bloßen Bauch und in meine Schlafanzughose gelegt. Ich wußte sofort, wer der Sünder war, und ich würde mich rächen, wenn ich erst einmal aufgestanden war. Um mich zu wecken, hatte sie sich des schmutzigsten all ihrer schmutzigen Tricks bedient. Wenn ich etwas haßte, dann waren es eiskalte Eiswürfel auf meinem bloßen Bauch.

Mit einem Känguruhsprung fuhr ich aus dem Bett, stellte mich auf den Bettvorleger und schüttelte meinen Schlafanzug, daß die Eiswürfel nur so nach allen Seiten flogen.

Marianne hatte sich schon längst unsichtbar gemacht.

Einen Augenblick stand ich schwankend und mit geschlossenen Augen da. Jetzt, wo sie mich endlich in die Senkrechte bekommen hatte, sollte ich wohl doch lieber ins Bad gehen und mir das Wasser ins . . .

Ich fiel gegen die Frisierkommode. Ich war im Stehen eingeschlafen. Aber war das ein Wunder, nachdem ich nur drei bis vier Stunden geschlafen hatte? Schließlich war man nicht mehr der Jüngste, und es mußte schon etwas Wahres dran sein, daß mit den Jahren auch der Schlafbedarf wächst.

Ich beließ es bei dieser Überlegung und kroch wieder ins Bett, nachdem ich vorher ein paar Eiswürfel vom Laken gefegt hatte.

Ich erwachte durch ein lautes Klingeln an der Haustür. Ich hörte Marianne öffnen, wobei sie wohl auch irgend etwas sagte. Einen Augenblick später ging die

Also stand ich schnell auf, zog mich an und begab mich in mein Arbeitszimmer . . .

Schlafzimmertür auf, und Marianne winkte mit einem Expreß-Luftpostbrief.

»Ich lege ihn auf deinen Schreibtisch«, sagte sie.

»Gib ihn mir jetzt, es muß etwas sehr Wichtiges sein«, rief ich und wurde bedeutend wacher.

Sie war bereits verschwunden.

Ich hatte schon früher Expreß-Luftpostbriefe erhalten, meistens von Verlagen irgendwo auf der Welt, die sich das Vorkaufsrecht für eines meiner Bücher sichern wollten. Und als Schriftsteller muß man auf derartige Briefe umgehend reagieren.

Also stand ich schnell auf, zog mich an und begab mich in mein Arbeitszimmer. Der Expreß-Luftpostbrief lag tatsächlich auf meiner Schreibtischunterlage. Ich nahm ihn in die Hand und stellte fest, daß er aus Brisbane in Australien kam. Er war aber bereits vor drei Monaten abgestempelt worden, und der Umschlag war auch schon geöffnet. Irgend etwas kam mir dabei komisch vor. Vor drei Monaten hatte ich tatsächlich einen Expreß-Luftpostbrief aus Australien erhalten, und ich hatte den Umschlag offen liegenlassen, damit Besucher meine umfassende Korrespondenz bewundern konnten.

Ob es der gleiche Umschlag war? Schnell riß ich einen Bogen Briefpapier heraus. Es standen nur wenige Worte darauf, in Mariannes Handschrift schnell hingekritzelt:

»In Australien ist es jetzt 12 Uhr. Wach auf, mein Schatz . . . und bitte lächeln!«

Eine gute, zärtliche Ehefrau . . . davon kann man nie genug haben

Ich habe mir gerade Gebäck heraufgeholt. Während der Hochzeitsfeier hatte ich nicht genug auf die Seite geschafft, obgleich wir alle gewaltig zugelangt haben.

Ja, die Hochzeit! Am späten Vormittag hatte sie angefangen, und morgens um vier kamen wir wieder nach Hause. Allerdings erst am dritten Tag.

Lisbeth als Braut ganz in Weiß. Karl hatte ihr ausdrücklich untersagt, in ihren verwaschenen Cowboyhosen zu erscheinen.

»Das soll eine Hochzeit werden, wie sie im Buche steht«, hatte er gesagt. »Kein Bahnwärterschrankenfest auf Fahrrädern. Die Leute sollen doch nicht glauben, ich hätte dich um Mitternacht aus einem Stift für vertrottelte Adlige entführt!«

Wie gesagt, Lisbeth erschien in Weiß als Zeichen von Reinheit und Unschuld.

Dazu paßte es sehr gut, daß Karl ganz in Schwarz kam.

Aber scharf auf sie ist er bestimmt. Er meint, sie sei genauso hübsch, wie sie sich selbst findet.

Ich persönlich habe an Lisbeth nie etwas Besonderes entdecken können, vielleicht von den Grübchen abgesehen.

Aber selbst wenn man sich in zwei Grübchen verliebt, so halte ich es für übertrieben, deswegen gleich das ganze Mädchen zu nehmen. Aber wie Karl so treffend sagte:

»Eine gute, zärtliche Ehefrau – davon kann man nie genug haben!«

Ja, die Hochzeit! Am späten Vormittag hatte sie angefangen, und morgens um vier kamen wir wieder nach Hause . . .

Lisbeths Eltern hatten sich geweigert, an der Hochzeit teilzunehmen, aus Ärger darüber, daß sie vorher zur Taufe auch nicht eingeladen waren.

Das junge Paar hatte sozusagen einen Frühstart erwischt. Und dann war leider eine Bauchlandung gefolgt.

Ach, es gibt merkwürdige Sitten und Gebräuche. Man braucht doch nur an die mohammedanischen Länder zu denken.

Da sieht die Braut ihren Mann nicht vor der Hochzeit.

Bei uns ist es eher umgekehrt. Da sieht sie meistens nach der Hochzeit nicht mehr viel von ihm.

Als ich gleich hinter dem Brautpaar die Kirche betrat, hörte ich, wie Lisbeth zu ihrem Karl sagte:

»Wenn wir nun erst verheiratet sind, Karl, willst du mir dann auch durch Feuer und Wasser folgen?«

»Aber sicher«, knurrte Karl, »solange es sich nicht um Abwaschwasser handelt!«

Da drückte sie zärtlich die Hand ihres Zukünftigen und flüsterte:

»Ich freue mich darauf, von nun an all deine Kümmernisse zu teilen!«

»Kümmernisse?« erwiderte Karl. »Ich habe keine Kümmernisse!«

»Nein, nein«, sagte Lisbeth und schmiegte sich enger an ihn, »wir sind auch noch nicht verheiratet!«

Der kleine Oliver, mein Neffe, war auch mit in der Kirche. Und als Lisbeth »ja« gesagt und Karl ebenfalls »ja« gesagt hatte, umarmte sich das junge Paar. Da rief Oliver mit seiner hellen Kinderstimme so laut, daß man es bis auf die letzten Plätze hören konnte: »Mutti! Hat er sie jetzt bestäubt?« Aber Mutti schüttelte nur den Kopf und zeigte auf das Schild am Pfeiler in der Kirche, auf der die Nummern der Lieder angezeigt waren, die gesungen werden sollten.

»Mutti, Mutti«, jubelte Oliver plötzlich, »jetzt singen wir gleich meine Garderobennummer aus dem Kindergarten!«

Als wir dann nach Hause kamen und zu Tisch gingen, intonierte die Kapelle den Hochzeitsmarsch von Mendelssohn-Bartholdy. Nicht gerade originell, ich wäre mehr für einen rassigen Scheidungswalzer gewesen.

Während des Festessens fragte ein Gast, wo sich das Brautpaar kennengelernt habe.

»Darüber sprechen wir nicht«, erwiderte Karl leise, »aber auf jeden Fall bin ich davon kuriert, nach einem Taxi zu pfeifen, wenn ich gerade aus einer berüchtigten Straße komme!«

Die Rede auf das Brautpaar hielt Karls reicher Onkel aus Amerika. Gerade als das Kalbsfilet zum zweiten Male herumgereicht wurde, erhob er sich:

»Solltest du jemals eine helfende Hand benötigen«, sagte er tief gerührt zu Karl, dem Bräutigam, »so denke dran, mein Junge, daß an den Enden meiner Arme jeweils eine sitzt!«

Aber dann war plötzlich der Gurkensalat alle, und das Brautpaar hatte seinen obligaten Walzer absolviert, als Karl seine Auserwählte in eine dunkle, verlassene Saalecke zog.

»Mir fehlen einfach die Worte dafür, wie sehr ich dich liebe«, sagte er.

Aber er suchte wenigstens danach und fummelte an seiner Braut herum, als hätte sie die fehlenden Worte auf ihre Schenkel tätowiert.

Gegen Morgen herrschte dann Aufbruchsstimmung. Karl reiste für eine Woche nach Mallorca.

Lisbeth war schon einmal dort gewesen, so daß sie lieber zu Hause blieb und auf die Kinder aufpassen konnte.

Ja, eine Ehe ist schon etwas Seltsames. Im Grunde ist es wie in einem Restaurant. Dort wählt man auch irgend etwas, was gerade auf der Speisekarte steht. Und wenn man dann das Bestellte bekommen hat und sieht, wofür sich andere Gäste entschieden haben, so bereut man, daß man nicht doch etwas anderes genommen hat.

Ich finde, es ist manchmal ganz amüsant, dabeizusein, wenn sonst völlig unbekannte Leute heiraten.

Und nicht nur erfährt, wenn sich die Prominenten scheiden lassen.

Bestellen Sie noch heute einen Quick-Dosenöffner

Marianne hatte in der Stadt ein paar Einkäufe erledigt.

»Guck mal«, sagte sie mit unverhohlener Begeisterung und zeigte mir ein mysteriöses Instrument, das dem Preisschild nach 14,85 DM gekostet hatte. »Rat mal, was das ist?«

»Ja, wenn ich mich nicht irre, ist das ein Messer für die Schafschur . . . oder eine Geburtszange?«

»Quatsch, das ist ein Dosenöffner. Ein ganz neues Modell.«

Ich warf einen kritischen Blick auf den Apparat.

»Der Dosenöffner, der eine Dose leicht und elegant öffnen kann, ist noch nicht erfunden«, erklärte ich streng.

Einige Zeit später hörte ich einen Schrei aus der Küche. Marianne tauchte auf und hielt mir ihren blutenden Finger entgegen. Schnell verschwand sie im Badezimmer, wo unsere Hausapotheke hängt. Ich ging in die Küche und fand den Dosenöffner für nur 14,85 DM neben einer Konservendose mit Erbsen. Im Blechdeckel war ein Loch, und an der scharfen Spitze, die nach oben gezogen war, hingen Blutstropfen.

Mit zerknirschter Miene kam Marianne zurück, den Finger in Mull. »Ist mir ausgerutscht«, erklärte sie.

Ich besah mir den Dosenöffner genauer, meine Neugierde war geweckt. »Wie funktioniert der eigentlich?« fragte ich.

»Du drückst zuerst mit dem spitzen Dings da ein Loch in den Deckel, dann steckst du den Dosenöffner ins Loch, so, und dann packst du fest um beide Handgriffe,

Konnte so eine kleine Mistdose alle menschliche Klugheit und Geschicklichkeit zum Narren halten?

aber nicht zu fest, dabei mußt du gleichzeitig an diesem Dings hier drehen, und dann gleitet der Dosenöffner leicht an der Kante entlang . . .«

Er glitt keineswegs.

»Du drehst verkehrt rum.«

Ich drehte also andersrum. Er glitt immer noch nicht.

»Du drückst nicht fest genug.«

Ich drückte fester um die Handgriffe, daß das Weiße meiner Fingerknöchel hervortrat. Verbissen drehte ich an dem kleinen Dings mit dem Zahnrad, und richtig, der Dosenöffner bewegte sich einen halben Zentimeter, dann saß er wieder fest. Ich kämpfte ein paar Minuten, ohne Erfolg. Plötzlich spürte ich einen brennenden Schmerz in meinem Daumen.

»Schnell!« schrie ich entsetzt. »Hol Jod, Gaze, Serum gegen Wundstarrkrampf!«

Marianne fand, ein Pflaster müßte reichen.

»Die blöde Dose«, jammerte sie, »jetzt müssen wir Erbsensuppe ohne Erbsen essen.«

»Darf ich mal deinen alten Dosenöffner sehen?«

Sie holte einen mysteriösen Apparat aus der Schublade. Der sah wirklich lebensgefährlich aus. Als Unbefangener hätte ich ihn für ein chirurgisches Instrument gehalten, mit dem man walnußgroße Nierensteine entfernen konnte. Ich nahm die Konservendose erneut in Angriff, während Marianne mit Jod und Verbandsstoff bereitstand.

»Keine Angst«, beruhigte ich sie, »ich habe Dose und Öffner voll unter Kontrolle.«

In dem Moment passierte es. Das blöde Ding rutschte weg, mein zweiter Daumen saß in der scharfen Kante, und das Blut spritzte nach allen Seiten. Während Marianne mich mit Jod und Mull bearbeitete, starrte ich ver-

Ich hob den Hammer, peilte den Deckel an . . .
. . . und schlug zu! Schwupp!

bissen auf die widerspenstige Erbsendose. Konnte so eine kleine Mistdose alle menschliche Klugheit und Geschicklichkeit zum Narren halten?

Irgendwie mußten die Erbsen doch in die Dose gekommen sein, also mußte man sie auch irgendwie rausbekommen! Ich nahm einen Korkenzieher und wagte einen verzweifelten Versuch, den Blechdeckel damit aufzubrechen. Ein Käseschneider und ein Tortenheber erwiesen sich als ebenso untauglich. Dann probierte ich es mit der Geflügelschere. Da hatte ich mehr Glück. Ich hob sie hoch in die Luft und jagte sie mit voller Kraft auf den Blechdeckel, so daß die Erbsensauce in alle Richtungen spritzte.

»Du kannst doch nicht irgendwo Löcher reinschlagen«, korrigierte Marianne, »wenn du absolut Löcher machen willst, dann ganz am Rande des Deckels.«

Ich schlug also ein paar Löcher am Rand des Deckels, so nah an der Kante, daß ich jedes zweite Mal den Küchentisch traf. Dann gab ich es auf, mir fiel etwas Besseres ein. Ich holte einen Hammer und einen großen Nagel. Mit Hilfe dieser simplen Geräte hatte ich im Laufe weniger Minuten den ganzen Blechdeckel durchlöchert. Nur noch an einigen Stellen saß er fest. Ich hob den Hammer, peilte den Deckel an . . . und schlug zu! Schwupp! sagte es, und der Deckel war los. Er sank auf den Boden der Dose, wobei mir die Erbsen wie Projektile um die Ohren schossen. Doch blieb gerade noch so viel Erbsenmus in der Dose zurück, daß wir wenigstens einmal schmecken konnten.

Vor ein paar Tagen entdeckte Marianne eine Anzeige in unserem Lokalblatt, die sehr verlockend aussah:

»DOSENÖFFNER QUICK, wirkt immer, der einzige wirklich perfekt funktionierende Dosenöffner der Welt,

Preis nur 17,75 DM. Bestellen Sie noch heute einen QUICK-DOSENÖFFNER, Sie werden vollauf zufrieden sein, andernfalls bekommen Sie Ihr Geld zurück.«

Marianne bestellte einen. Heute morgen kam er, und sie ist vollauf zufrieden. Er funktioniert jedesmal.

Er besteht aus einem Hammer und einem großen Nagel . . . und der Urheber dieses kleinen Versandgeschäftes bin ich.

Der Hund Janka

In ruhigem, den Verhältnissen angemessenem, gleichmäßigem Tempo fuhr ich auf einer wenig befahrenen Landstraße. Da flog plötzlich ein Huhn, in panischer Angst wild mit den Flügeln schlagend, verfolgt von einem bellenden Köter unbestimmbarer Herkunft, quer über den Weg. Ich bremste, daß es quietschte. Das Huhn entging dem Auto um Haaresbreite, aber der Hund prallte gegen die Karosserie – war auf der Stelle tot –, ohne mir die geringste Chance zu lassen auszuweichen. Ich hielt natürlich an und stieg aus, um zu sehen, ob ich etwas tun konnte. Vom Kuhstall eines in der Nähe liegenden Hofes kam ein Bauer mit einer Mistgabel auf mich zu.

»Er raste direkt vor meinen Wagen«, erklärte ich mit leichtem Schock. Ich hatte noch nie ein Tier überfahren, und ich hoffte, daß mir das nie wieder passieren würde.

»Du häßt jo woll bitieden sutjer föhrn kunn! Kümmst hier ankarjoolt un föhrst anner Lüüd Hunde doot«, knurrte der Bauer und sandte mir einen giftigen Blick zu.

»Aver dat is, wat ik seeg: Ji Stadtminschen fleegt un föhrt as de Düvel, as häbbt ji een Rakeet in'n Achtersten.«

Es hätte eindeutig zu nichts geführt, darauf hinzuweisen, daß ich doch sein Huhn gerettet hatte, oder überhaupt mit dem Mann zu diskutieren. Daher machte ich ihm einen Vorschlag, um die Sache in Ordnung zu bringen.

»Es tut mir leid, daß es den Hund getroffen hat«, sagte ich. »Und ich bin ja auch bereit, Sie mit einem angemes-

»Hören Sie jetzt zu«, sagte ich, »wenn wir ehrlich sind, dann glaube ich nicht, daß Sie mit fünfzig Mark betrogen sind . . .«

senen Betrag zu entschädigen. Ich möchte ungern die Versicherung einschalten, denn dann verliere ich den Bonus. Wie wär's mit 50 Mark?«

Der Bauer sah aus, als ob das Angebot sein gesamtes Eigentum mit diversem dazugehörigem Grund und Boden, Maschinenpark und Bediensteten umfassen sollte.

»Wat? Lumpige föfftig Mark för dat schabbige Dootföhrn vun Janka? Aver du kannst ehr jo nich ansehn, dat se rein as de Düvel achter de Ratten her weer. Wokeen schall dat denn nu doon? Un wat ik di noch seggen wull: Se weer een echten Hund, een prima Krüzung twischen den lütten swatten Hund von uns Höker un een groten swatten Hund vun een Gootsherrn. Jo, dat weer se! Kloar weer se dat ...«

Ich unterbrach den Mann. Ich mußte zu einer sehr wichtigen Verabredung um sechs Uhr, daher mußte ich die Sache erledigt haben ... auf Biegen oder Brechen.

»Hören Sie jetzt zu«, sagte ich. »Wenn wir ehrlich sind, dann glaube ich nicht, daß Sie mit fünfzig Mark betrogen sind. Wenn aber der Verlust für Sie so groß ist, wie Sie behaupten, dann laß uns 60 Mark sagen, damit ich weiterfahren ...«

»Du wullt mi nich bedreegen? Klar wullt du dat! Du häßt sehn schullt, as Janka achter de Hasen her weer. Du leeve Tied, wat se de Hasen upstövern kunn. Düvel noch mol, wat de afbiestern deen, wenn Janka over de Rövenfeller achter ehr herjachtern dee! Un nu kann ik ehr blots noch up'n Mist föhrn, blots wiel so'n Kerl nich tiedig Gas wegnehmen kunn, um ehr över de Straat to laten. Se betahlt jüst so Stüürn as so'n verdreihten Keerl as du!«

Noch einmal erlaubte ich mir, seinen Wortschwall zu unterbrechen.

»Hier«, sagte ich und drückte ihm 75 Mark in die Hand. »Damit ist die Sache aus der Welt. Ich muß um sechs Uhr in der Stadt sein.«

Mit einem nicht sehr zufriedenen Grunzen steckte der Bauer das Geld in die hintere Hosentasche.

»Du büst dammich billig davunkommen! So en Prämienhund as Janka dootoföhrn. Aver dat weer't, wat ik to mi seggen dee, as ik von'n Mist röverkeem: een plietschen Keerl, segg ik, süht, wat he di bedreegen kann, un deit dat ok. Ji Stadtlüdd makt ut all'ns'n Geschäft – jo, doot ji! Dat ist kloar.«

Unzufrieden brummend zog der Bauer ab, und ich ging hinüber zum Wagen, um weiterzufahren. Im selben Augenblick kam ein Mann auf einem Rad und mit einem Gewehr über der Schulter vorbei.

»Tach!« sagte er und sprang vom Rad.

»Tach!« erwiderte der Bauer.

»Na«, setzte der Mann mit dem Gewehr fort, »du häst ehgr dootföhrt? Dat is jo wunnerbar! Wat hebt we Glück hatt, Niels Peter! Denn spoort we de Patroon. Un wat spoort is, is verdeent. Jo, so ist dat!«

»Die Kugel sparen?« fragte ich interessiert. »Was soll das heißen?«

Der Mann mit dem Gewehr wischte sich mit dem Handrücken etwas Priem aus dem Mundwinkel.

»Tja, dat heet nix anners, as dat de dumme Köter Janka vun de besten Leeghöhner – düsse Italjeener mit den roden Kamm, du weets – den Kopp afbeeten hett! Un ik harr Niels Peter verspraken, den dullwütigen Köter doottoscheeten – mit düt Scheetgewehr!«

Das Maskenfest

Ich trat meine dicken, gummibesohlten Winterstiefel sorgsam auf der Fußmatte ab, auf der in großen Buchstaben geschrieben stand: TÜR IST OFFEN – BITTE NUR HEREIN! Eine ältere Frau kam mir entgegen. »Werden Sie schon bedient?« fragte sie routinemäßig.

»Tja«, sagte ich, einigermaßen verlegen, »ich möchte mir mal einen indischen Fürsten ansehen, einen Maharadscha oder so was, wissen Sie . . .«

»Leider habe wir in Ihrer Größe keinen indischen Fürsten mehr da, aber am Montag kriegen wir wieder welche herein.«

»Ich brauche ihn heute abend.«

»Wie wär's denn mit einem Mexikaner? Mit allem Drum und Dran, großer schwarzer Schnurrbart, Poncho, Sombrero? Ober vielleicht einen Stierkämpfer? Ich glaube, ich hätte noch einen Stierkämpfer, der Ihnen paßt.«

Ich fing an, in den zahllosen Theaterkostümen der Maskenverleiherin zu wühlen, nachdem ich zuvor Schirm und Aktentsche aus der Hand gelegt hatte. Stierkämpfer? Warum eigentlich nicht? Probieren geht über studieren. Die Frau griff in ein Fach und holte einen reich mit Gold bestickten Seidenanzug hervor – dazu einen Degen und ein passendes dunkelrotes Cape. Dann schob sie mich in eine enge Probierkabine, und ich zog das Ding an. Der Unterschied zwischen vorher und jetzt war gar nicht zu übersehen. Ich war ein anderer. Lange stand ich vor dem Spiegel und betrachtete mich von allen Seiten. Ja, Stierkämpfer hätte ich werden sollen damals, vor langer Zeit, als es galt, einen Beruf fürs Leben zu wählen. Ich griff nach dem Degen. Dies war der Augenblick der Wahrheit. Ich hob den Degen und stieß ihn gezielt durch den geflochtenen Sitz des Stuhls, der meinen Stier vertrat – und beendete seine Leiden.

»Voilà tout! Olé!«

»Haben Sie was gesagt?« Die ältliche Dame tauchte plötzlich hinter mir auf. Behende zog ich den Degen zurück und putzte in meiner Verlegenheit meine Brillengläser mit der dunkelroten Muleta.

»Was ... äh ... Wieviel kostet der Torero? Ich meine, das Kostüm?«

»Achtzig Mark, mein Herr.«

»Was, ohne Stier?« stieß ich hervor.

»Ja, natürlich.«

»Das ist etwas mehr, als ich erwartet habe. Schließlich ist es nur für ein Maskenfest in meinem Clubhaus. Was haben Sie denn in der Preislage um 40 Mark?«

»Harlekine, Cowboys, Spanier, Mönche und Dominos ... alles Sachen, die ziemlich häufig getragen werden. Eben nichts besonders Aufregendes.«

»Stimmt«, gab ich zu und beschäftigte mich noch einen Augenblick lang mit dem Spanier und dem Cowboy.

Doch dann kam mir eine bessere Idee.

»Führen Sie auch Kosakenuniformen?«

»Fräulein Mutzky, haben wir noch Kosaken?«

Gleich darauf erschien Fräulein Mutzky, den Kleiderbügel mit einem Donkosaken über dem Arm. Es roch durchdringend nach Mottenkugeln. Sie musterte mich kurz, und als sie mitsamt dem Kosaken wieder verschwand, schloß ich daraus, daß ich entweder zu groß oder zu klein für das Kostüm war. Wirklich schade. Ich wäre gern mal Kosak gewesen. Diese wilden Steppenvölker haben so etwas Urtümliches, unwiderstehlich Ungestümes an sich, das sehr beeindruckend ist.

»Und etwas Ulkiges? Würde Ihnen das nicht zusagen? Eine komische Alte vielleicht? Sie können auch als Karnickel, als Bierflasche, Donald Duck oder als Französischer Clown gehen. Oder wie wäre es denn als Zwitter, zur Hälfte Mann, zur Hälfte Frau – nur dreißig Mark?«

»Pro Hälfte?«

»Nein, für das ganze Kostüm.«

»So was liegt mir nicht.« Mein Blick fiel auf etwas besonders Interessantes in einem der großen, offenstehenden Schränke. Ich zeigte darauf und fragte, um was es sich handele.

»Das ist einer der drei Musketiere. Der letzte. Den sollten Sie anprobieren . . . Er ist Ihre Größe, und Sie sind genau der richtige Typ.«

Begierig verschwand ich mit dem Musketier in der Umkleidekabine. Zum Kostüm gehörten eine weiße Allongeperücke, Spitzenmanschetten, ein tressenbesetztes Cape, schneidige schwarze Stulpenstiefel, ein imposanter Federhut und ein spitzer Musketierdegen. Angetan mit dieser Pracht, verbeugte ich mich vor meinem Spiegelbild. »Bonjour, Mademoiselle! Bonjour, Madame! Merci, M'sieur! Dubo-Dubon-Dubonnet!«

Damit hatte ich das Pulver meines eleganten Französisch bereits verschossen. Das Kostüm war genau das, was ich gesucht hatte, hundertprozentig. Zum vorigen Maskenball unseres Clubs war ich als Mandarin gegangen. Sie kennen ja das Kostüm: ein mit chinesischen Drachen bemalter Sack, der sich über jeden Smoking ziehen läßt. Zehn oder zwölf Mandarine waren auf je-

Zum Kostüm gehörten ein tressenbesetztes Cape, schneidige schwarze Stulpenstiefel, ein imposanter Federhut und ein spitzer Musketierdegen . . .

nem Ball gewesen, ich galt also nicht unbedingt als die Sensation des Abends.

Aber dieser Musketier war wirklich einmal was anderes. Ich nahm ihn auf der Stelle, obschon er etwas teurer war, als ich gerechnet hatte.

Als ich ein paar Stunden später in dem Saal eintraf, wo das Maskenfest stattfand, empfing mich eine süße kleine Garderobiere. Sie griff sich mit beiden Händen an den Mund und stieß einen leisen Entzückensschrei aus.

»Wie finden Sie es?« fragte ich.

»Einfach phantastisch!«

»Sie sind der Tollste von allen, die bis jetzt da sind. Bei so einem französischen Kavalier oder was Sie darstellen, würde ich schwach!«

Ich gab ihr sofort meine Karte. »Bitte rufen Sie mich morgen in meinem *comptoir* an, *Mademoiselle, mon amie.*«

Ich verpaßte ihr galant einen kleinen Handkuß. Ein erfolgreicher Anfang! Dann begab ich mich zu den anderen Gästen, die Hand am Degengriff und voller Selbstvertrauen.

»Guten Abend und willkommen«, sagte der Hausherr. Er trug einen Domino. »Ah, Sie kommen als . . .«

»Don Juan?«

»Ja, Sie sind doch einer von diesen französischen Dingsdas . . . der Casanova, oder?«

»Sie meinen einen Kavalier?«

»Genau. Oder soll das nicht so was Ähnliches sein? Ich meine, Sie . . .«

»So was Ähnliches? Ich bin französischer Musketier, ein französischer Musketier aus Musketierzeiten. Das dürfte doch wohl eindeutig sein, oder? Schauen Sie . . .

mein Degen ... und hier ...« In diesem Augenblick kam die Hausfrau zu uns herüber, warf einen Blick auf den Degen und flüsterte ihrem Mann etwas zu. Ihr Gatte nickte ernst und legte mir die Hand auf die Schulter. »Meine Frau sagt eben, es wäre vielleicht keine so gute Idee, die ganze Nacht mit einer blanken Waffe herumzulaufen. Wissen Sie ... vielleicht gehen die Wogen sehr hoch, oder Sie kriegen einen kleinen Schwips ... jedenfalls wäre es besser, Sie legten das Ding weg, bis Sie ... na ja, damit eben nichts passiert.«

Damit beraubte er mich meines Rapiers. Mir war, als verließe mich ein Teil meines Selbstvertrauens. Ich warf mich auf ein Sofa.

»Möönsch, Sie haben sich ja gewaltig aufgedonnert«, sagte ein kleiner Dicker im Smoking neben mir. »Wozu denn das Degengehänge? Was soll denn das Ganze? Stellen Sie einen Ritter dar oder so was? Ritter von der Goldenen Pappnase? Oder ist die Nase echt? Sehen Sie mich an ... ich komme immer im Smoking. Was heißt hier Kostümfest – rein kommt man auch so! Wozu die Wurschtelei mit dem ganzen Kram? Saufen kann man auch ohne. Und schließlich kommt man ja her, um sich zu amüsieren, nicht?«

»Tja ...«

Nun stellte das Fettklößchen sich vor.

»Thimps«, sagte es, »ich bin hier neu.«

Er war Hersteller von Kunststoffcontainern. Er erzählte mir alles, was ich je über Kunststoffcontainer hatte wissen wollen. Und noch mehr. Als er endlich nach Atem rang, wandte ich mich einer nicht mehr ganz knusprigen Colombine zu, die sich eben an unseren Tisch setzte, und stellte mich vor. Zufällig war es Frau Thimps.

»Du meine Güte«, stieß sie erschrocken hervor, »Sie sind ein *Mann*?«

»Aber selbstverständlich. Vielleicht haben meine langen Locken Sie irregeführt. Dies ist eine gepuderte Perücke, wissen Sie.«

»Deswegen brauchen Sie sich nicht zu genieren. Heutzutage tragen so viele Leute Perücken. Es ist ja wirklich nichts dabei, wenn man die Haare verliert und ...«

»Nein, nein, die gehört zum Kostüm.«

»Ach so. Darf ich sie mir mal ansehen?«

»Ansehen?«

»Ja, können Sie sie nicht abnehmen? Oh – vielleicht ist alles aufgeklebt, jedes Haar einzeln. Das muß eine Wahnsinnsarbeit gewesen sein ... und das alles für ein Kostümfest?«

Ich versicherte ihr, die Perücke sei ganz leicht abnehmbar. Zunächst lüftete ich meinen Federhut und legte ihn auf den Tisch. Dann hob ich sorgfältig die Perücke ab. Frau Thimps griff danach.

»Ach, wie ulkig«, rief sie fröhlich und zeigte sie begeistert einer Freundin. Diese reichte sie einem langbeinigen Cowboy weiter, der sie natürlich aufprobieren mußte. Und er nahm sie für den Rest des Abends auch nicht mehr ab. Soweit möglich, vermied ich es, ihn anzusehen. Der Kunststoffcontainer-Mensch im Smoking erhob sich. Seine Augen waren bereits leicht gerötet.

»Wirklich eine Wucht, diese Maskenfeste«, sagte er und zog mich vom Sofa zu sich hoch.

Beide Hände schwer auf meine Schultern gelegt, gestand er mir: »Wissen Sie, ich komme ja immer im Smoking, aber es ist schon eine Wucht zu sehen, was für verrücktes Zeug die Leute freiwillig anziehen.«

Der Hausherr trat zu uns. Sein Gesicht hatte einen gesunden Teint, immerhin war der dargebotene Punsch nicht gerade schwach. Er zeigte auf mein schönes, tressenbesetzes Cape. »Sind all diese Kledagen nicht viel zu warm für hier? Ziehen Sie mal sofort den Mantel aus. In so 'ner Zwangsjacke können Sie sich ja nicht bewegen. Mir ist aufgefallen, daß Sie schon seit Ihrem Eintreffen irgendwie bedripst aussehen. Bitte fühlen Sie sich doch nicht verpflichtet, die ganze Zeit in all dem blöden Kram rumzurennen. *So* ernst nehmen wir die Kostümierung nun auch nicht.«

Er half mir aus meinem Musketiermantel und trug ihn in die Garderobe. Mir tat das Herz weh, als ich ihn damit verschwinden sah. Wenn Sie *mich* fragen: Der Mantel hatte mir sehr gut gestanden.

»Mann«, sagte der Cowboy, der noch immer mit meiner gepuderten Perücke herumstolzierte, »mit diesen dicken Stiefeln können Sie doch nicht tanzen. Soll ich Ihnen beim Ausziehen helfen?«

»Nein, danke, ich . . .«

Trotz meiner Einwände zog man mir meine feschen schwarzen Stulpenstiefel aus und ein Paar langweilige braune Halbschuhe an. Ich sank auf ein Sofa. Thimps, der Kerl mit den Kunststoffcontainern, kam aus einem der Nebenräume zurück und beugte sich über mich. Seine Augen waren jetzt total blutunterlaufen und seine Redeweise undeutlich. Auf seinem Schädel saß mein eleganter Hut mit den stolz wehenden Federn.

»Sind Sie nicht der Ritter von der Gebogenen Pappnase?« fragte er angeheitert.

»Nein, ein Musketier«, korrigierte ich.

»Na ja, hab' ich doch gewußt. Genau, was ich suche. Ich amüsier' mich da mit ein paar jungen Damen nebenan. Sagen Sie mal, was haben Sie denn mit Ihrem Ritterkram gemacht? Ich würde mir ja gern mal 'n Moment Ihren Rittermantel borgen. Wie gesagt, ich amüsier' mich da mit . . .«

»Mein Mantel hängt draußen in der Garderobe. Ich glaube, daß Sie nicht . . .«

»Ich borge ihn ja bloß aus. Eine Wucht, diese Maskenfeste, meinen Sie nicht? Bringt Leben in die Bude, wenn man sich ein bißchen verkleidet, stimmt's oder hab' ich recht?« Damit verzog sich Thimps, und ich saß eine Weile als Zuschauer da. Noch immer versuchte ich, den langbeinigen Cowboy zu übersehen. Sein Anblick war mir einfach unerträglich. Thimps kam zurück. Er trug meinen Musketiermantel und meine Stulpenstiefel und fuchtelte wild mit meinem Degen. Er stieß ihn tief ins Sofa, zog sich den Federhut verwegen in die Stirn und steckte die Hand in die Weste.

»Bonaparte, was?« rief er mir ins Gesicht und entschwand in Richtung Bar.

Ich nahm sein Smockingjackett und ging in die Garderobe, um meinen Mantel zu holen. Die niedliche Garderobiere, der ich beim Eintreffen meine Telefonnummer gegeben hatte, war noch da. Sie stand in einer dunklen Ecke und ließ sich von dem langbeinigen Cowboy mit der gepuderten Perücke betatschen. Ich schaute um ihn herum, machte die Tür auf und ging hinaus in die Nacht.

Die Nacht war sternenklar – und kalt.

Ein echtes Gänseblümchen

Es begann damit, daß ich morgens in meinem Garten den Rasen sprengte und einen Blick über die Hecke zu meinem Nachbarn Mortensen warf. Mitten auf seiner Rasenfläche stand ein Storch auf einem Bein, wie Störche es zu tun pflegen.

Niemand weiß, wozu sie überhaupt ein zweites Bein haben.

Der seltene Anblick ist einen Schnappschuß wert, dachte ich. Ich holte meinen Fotoapparat und machte ein paar Aufnahmen. Da tauchte plötzlich Mortensen auf.

»Der Storch ist aus Plastik«, erklärte er. »Unglaublich naturgetreu und dekorativ, nicht wahr?«

Tja, das mußte ich zugeben.

Einige Tage vergingen. Dann stellte Mortensen eine knallrote Schubkarre auf seinen Rasen, in die er schneeweiße Margeriten pflanzte. Anschließend trat er drei Schritte zurück.

»Phantastisch dekorativ«, murmelte er, und im stillen mußte ich ihm auch diesmal recht geben.

Am folgenden Tag erschien er mit einem weißlackierten Wagenrad und lehnte es gegen die Fahnenstange, und dann schlangen sich ein paar Kletterrosen um die Speichen.

Es wirkte äußerst anheimelnd, daran bestand kein Zweifel. Das Wagenrad sah aus, als sei es direkt aus der Erde gewachsen.

Aber nun war die Reihe an mir, ihm Paroli zu bieten. Ich baute auf meinem Rasen einen Gartenbrunnen aus handgestrichenen feuerroten Mauersteinen aus echtem Hartplastik. Als Ziehgestell befestigte ich darüber einen

Ich baute auf meinem Rasen einen Gartenbrunnen aus handgestrichenen feuerroten Mauersteinen aus echtem Hartplastik . . .

himmelblauen Plastikeimer mit roten und weißen Stiefmütterchen, natürlich aus feinstem Kunststoff. So konnten sie sich den ganzen Sommer hindurch halten.

»Na, mein Lieber«, sagte ich stolz, als Mortensen auftauchte, »was sagst du jetzt? Dekorativ, nicht wahr, Meister?«

»Ja, gewiß, gewiß«, sagte er beiläufig, »aber jetzt fehlt dir noch . . .«

Er verstummte. Mortensen gehört nicht zu den Leuten, die gute Tips preisgeben.

Einige Tage später hatte er selbst einen Gartenbrunnen aus wetterfesten, antik wirkenden, selbstklebenden Plastik-Mauersteinen errichtet.

Um den Brunnen herum gruppierte er zwölf große naturgetreue Kunstfrösche mit eingebauten Wasserspeichern. Echte Keramikfrösche! Und ganz ohne Plastikwasser, sondern fröhlich sprudelndes, mit Chlor angereichertes Wasserwerkwasser direkt aus der Leitung.

Oben auf dem Ziehwerk stand ein Plastikstorch und blickte auf den anderen Plastikstorch hinunter, und zwei weitere Störche aus demselben Material brüteten mit ineinander verflochtenen Hälsen in einem Nest auf dem Hausschornstein. Es handelte sich um ein wetterfestes textilbehandeltes Plastiknest mit Nylonverstärkung.

»Findest du nicht, daß er des Guten zuviel tut?« fragte Marianne.

»Tja, ich weiß nicht recht . . . Heutzutage braucht man sich ja nicht mit ein paar langweiligen Stauden und einer Handvoll Radieschen in der Gartenecke zu begnügen.«

Am folgenden Tag kaufte ich hundert sechseckige Betongartenfliesen und legte sie als schmale, dekorative Fußpfade zum Brunnen. Hier und da stellte ich beiderseits der Pfade zwei Hängesofas aus bestem Bornholmer Sandstein auf und mehrere Sonnenuhren. Nur ein gutes halbes Dutzend, mit behutsamer und geschickter Hand überall im Garten verstreut.

Egal, wo man sich im Garten aufhielt, überall konnte man sich vergewissern, ob die Sonne schien. Und das alles sah so dekorativ und stimmungsvoll aus, wie man es sich nur erträumen konnte.

Am nächsten Tag erschien Mortensen mit einem ganzen Stapel schmiedeeiserner Gartenleuchten und stellte sie auf. Gut, ich muß zugeben, daß es einen tiefen Eindruck auf mich machte, vor allem, als er am Abend das Flutlicht einschaltete, einige Scheinwerfer auf den Plastikbrunnen richtete, sich hinter einen Busch setzte und zu quaken begann wie ein Frosch während der Paarungszeit. Und das Paarungsgequake ließ er von ein paar Hochleistungslautsprechern mit Preßluft-Verstärkeranlagen aus den vier Ecken seines Gartens hervordröhnen.

Unglaublich stimmungsvoll, fast wie an richtigen Sommerabenden draußen im Moor.

Marianne schien das ziemlich unbeeindruckt zu lassen.

»Wenn du noch etwas unternehmen willst«, sagte sie, »so leg doch eine Vogeltränke an!«

Am nächsten Tag beförderte ich alle unsere Stauden auf den Komposthaufen.

Gegen Abend war dann die Vogeltränke fertig.

Sie mißt drei Meter und siebenundachtzig Zentimeter im Durchmesser, wird durch indirekte Beleuchtung erhellt und von zwölf funkgesteuerten Plastikenten bevölkert.

Die Enten machen jedesmal »Rap-rap-rap«, wenn ich

»**N**a, mein lieber Nachbar«, sagte ich, »was sagst du jetzt? Dekorativ, nicht wahr, Meister?«

auf einen Knopf meines Kontrolltisches in der Garage drücke.

Mortensens Gesichtsfarbe spielte vor Neid ins Plastikgelbe, als er sah, was ich mir zugelegt hatte.

Als Antwort planierte er seine Rasenfläche und entfernte alle Gewächse ringsum. Dann baute er einen Gartengrill im andalusischen Bauernstil mit Infrarotheizung, um Antonius-Ferkel im ganzen Stück grillen zu können. Und selbstverständlich hatte er einen vollautomatischen Drehspieß für halbe Rinder und andere Leckereien nicht vergessen.

Das alles gab mir zu denken.

Dann entfernte ich Mariannes letzte Blumenbeete und grub ein Loch für ein imposantes Goldfischbassin. Ich ließ es an nichts fehlen: Stockenten, Haubentaucher, Flamingos und Wasserorchideen aus antistatisch behandeltem Acryl und zwanzig Prozent reinem Polyester.

Am eindrucksvollsten aber war meine eingebaute elektronische Wasserorgel, die in Abständen von zwanzig Minuten den River-Kwai-Marsch zu röhren begann; auf der Wasserfontäne tanzten synthetische goldene Äpfel und seltene japanische Goldfische, direkt vom Ufer des Fudschijamasees importiert.

In der Ligusterhecke, die mein Grundstück von den Mortensens abgrenzt, versteckte ich zwölf ferngesteuerte schaumgummigefütterte Eichhörnchen aus Kunstfiber. Ich brauchte nur auf einen Knopf zu drücken, dann warfen sie Mortensen Haselnüsse in den Nacken.

Na, er glotzte natürlich ziemlich verwundert auf die Goldäpfel und die Haselnüsse, während meine Wasserorgel losdröhnte wie bei einem Weltuntergang.

Dann trat er zum Gegenangriff an.

Ein Schaufelbagger sorgte für ein riesiges Loch von

zweieinhalb Meter Tiefe. Anschließend erschienen die Beauftragten einer Spezialfirma und versenkten einen vorfabrizierten Swimmingpool im Erdreich.

Das Becken hielt sich in seiner Größenordnung streng an die Maße der Olympischen Spiele. Natürlich sollte das alles wirklich vornehm wirken, deshalb besorgte er sich das sauberste Mittelmeerwasser von der Südseite des Mallorca-Sockels, wo es von armen Eingeborenentauchern aus großer Tiefe mit Eimern an die Oberfläche gebracht worden war.

Der kleine Spaß allein muß ein Vermögen gekostet haben. Dann, ganz zum Schluß, füllte er das Becken mit Gummitieren, Luftmatratzen und Wassertreträdern, und an den Beckenrand stellte er Behälter mit grönländischem Inlandeis für die kalten Getränke.

Also gut, ich will ganz ehrlich sein: Ich war verflucht neidisch. Mein einziger Trost war, daß er keinen Turm mit einem Zehnmetersprungbrett bauen konnte.

Ich ließ ihn glatt abblitzen, als er bei mir vorsprach und um Erlaubnis bat, den Turm auf meinem Grundstück errichten zu dürfen.

»Ausgeschlossen«, sagte ich, »mach dir keine Hoffnung!« Höflich, aber bestimmt.

Na ja, um eine lange Sache kurz zu machen: Ich habe meine gesamten Gartendekorationen wieder abmontieren lassen.

Das Vogelbad, die Sonnenuhren, den Gartenbrunnen, alles und jedes.

Ich traf meine Entscheidung gestern morgen, als ich die Gardinen meines Schlafzimmers zur Seite zog und hinausblickte.

Da kniete Marianne auf meinen Betonfliesen und beschäftigte sich intensiv mit einem Gänseblümchen.

»Sieh doch nur«, rief sie, »ein echtes Gänseblümchen!«

Da bin ich gleich zu meinem Supermarkt gefahren und habe eine Gießkanne gekauft.

Ich will versuchen, daß wir das Gänseblümchen am Leben erhalten.

Gelingt es, baue ich ein Treibhaus darum herum.

Es gibt sehr schöne vorgefertigte Treibhäuser als Baukastenmodelle für wenig Geld.

Alles aus Sonnenreflektorenplastikteilen mit Substrahl angereichertem Kunststoff.

Früher gab es Mettwurst in Ringen, heute nicht mehr!

Ich saß im Wartezimmer meines Arztes. Es herrschte Grabesstille. Man wagte kaum zu atmen. Sechs Patienten waren vor mir dran. Die Frau drüben in der Ecke, die junge, vollbusige Mutter mit dem Säugling, der ältere Herr mit dem Gipsbein, die Frau mit dem Einkaufsbeutel, das lange Reck mit der Stahlbrille und der kleine, rotbackige Eisenbahnbeamte. Sechs im ganzen. Plötzlich brach der Eisenbahnbeamte das Schweigen. Er sah zu mir rüber und zeigte auf eine Annonce in einer Damenzeitschrift, in der er, mangels besserer Lektüre, blätterte:

»Warum man wohl nie mehr Mettwurst in Ringen macht?«

Das war das erstemal in alle den Jahren, in denen ich nun als Mitglied einer anerkannten Krankenkasse im Wartezimmer sitze, daß jemand mich dort angesprochen hat.

Der Mann fuhr fort: »Gucken Sie mal hier, die Annonce. Alles lange, gerade Mettwürste. Früher gab es Mettwurst immer in Ringen, heute nicht mehr!«

»Das liegt an der Pelle«, warf die Frau mit dem Einkaufsbeutel ein. »Die macht man heute aus Plastik. Die krümmt sich nicht so wie richtige Wurstpelle.«

Der Mann mit dem Gipsbein mischte sich ein: »Wiener Würstchen krümmen sich auch nicht mehr. Ich bin Witwer und führe selbst den Hausstand, daher weiß ich Bescheid. Aber Wiener Würstchen macht man heutzutage vielleicht auch aus Plastik?«

»Ja, außenrum«, sagte die Mutter mit dem Säugling.

»Überhaupt sollte die Regierung etwas unternehmen gegen all den Plastikkram. Jedenfalls bei Lebensmitteln . . .«

»Und wenn man sie in die Pfanne legt, dann platzen sie«, bemerkte der Mann mit dem Gipsbein.

»Sie müssen sie vor dem Braten mit der Gabel anstechen«, sagte die Frau in der Ecke.

»Das nützt nichts«, meinte die Frau mit dem Einkaufsbeutel. »Die platzen trotzdem. Plastik in Lebensmitteln ist großer Mist. Man sollte ganz einfach verbieten, so was zu verkaufen!«

»Die Würstchen, die man da drüben am Stand an der Ecke bekommt«, sagte der lange Kerl mit der Stahlbrille, »sind schön gekrümmt . . . bis ins letzte. So 'ne Wurst, Mensch, sagenhaft!«

»Dann ist die wohl aus echten Schafsdärmen gemacht – die Pelle, meine ich«, sagte die Vollbusige mit dem Säugling.

»Aus Schweinedärmen«, korrigierte die Frau in der Ecke. »Für richtige Würste hat man von jeher Schweinedärme verwendet. Und Würste mit Schweinedärmen krümmen sich immer. Wenn das Schwein lange, gestreckte Därme hätte, wäre es ja noch viel länger, als es jetzt ist.«

»Und würde noch weniger schmecken«, fügte der Mann mit dem Gipsbein hinzu.

»Ja, schmeckt sowieso schon fade«, meinte die Frau in der Ecke.

»Ja, genau wie die Papphähnchen«, sagte die Frau mit dem Einkaufsbeutel, »die schmecken auch nach nichts.«

»Die sind wohl auch aus Plastik«, meinte der Mann mit dem Gipsbein.

»Nicht die Grillhähnchen, die man drüben in der Grillbar an der Ecke auftischt«, sagte der Lange mit der Stahlbrille. »Die schmecken noch wie Hähnchen. Einfach Klasse. Mensch!«

»Der nächste, bitte!«

»Das liegt sicher daran, daß der Mann im Grill vor dem Grillen die Plastikhaut abzieht«, sagte die Frau in der Ecke. »Salami zum Beispiel kann man auch erst essen, nachdem man die Plastikhaut abgezogen hat.«

»Ich sagte . . . der nächste, bitte!«

»Überhaupt sollte die Regierung etwas unternehmen gegen all den Plastikkram. Jedenfalls bei Lebensmitteln«, meinte die Frau mit dem Einkaufsbeutel. »Was ist das für 'ne Art, uns als Verbraucher all diesen Mist anzudrehen!«

»Ich sagte . . . der nächste, bitte!«

Der rotbackige Eisenbahnbeamte mit der Zeitschrift stand auf und schlüpfte ins Sprechzimmer, ohne daß es jemand merkte. Eigentlich war er gar nicht dran, aber das Problem »gerade Würste mit Plastikpelle kontra Wurstringe mit Schweinedärmen wie in der guten alten Zeit« wurde immer verworrener, nachdem die Frau in der Ecke betont hatte, daß man bei ihrem Metzger sowohl gerade als auch krumme Würste bekommen könnte. Aber nicht im Supermarkt, die wären immer gerade!

»Nicht die Fleischwürste«, sagte die Vollbusige mit dem Säugling, »die Fleischwürste in meinem Supermarkt gibt es immer in Ringen. Auch bestimmte geräucherte Würste.«

»Das muß beim Räuchern passieren«, meinte der Mann mit dem Gipsbein. »Vielleicht kriegen die Würste so 'ne Art Krämpfe, wenn sie in die Räucherkammer kommen. Wenn unsereins plötzlich in den Rauch käme, würden wir wohl auch die Schenkel einklemmen!«

»Der nächste, bitte . . .«

Ich erhob mich und verschwand schnell im Sprechzimmer. Obwohl ich als letzter gekommen war. Die Diskussion im Wartezimmer war so hitzig, daß keiner es merkte. Als ich zehn Minuten später wieder rauskam, hörte ich den Langen mit der Stahlbrille sagen:

»Wenn ich nach Hause komme, will ich bei meinem Alten im Lexikon nachgucken, warum sich früher die Würste krümmten.«

»Man könnte auch beim Institut für Hauswirtschaft anrufen und fragen, ob die Schlachter krumme Dinger damit drehen. Ob sie die mit Nitrit vollpumpen oder so was Ähnliches. Vielleicht kriegen die Würste einen Schock und strecken sich, wenn sie mit all den Giftstoffen gefüllt werden.«

»Mettwurst wird nicht gepumpt«, sagte die Vollbusige mit dem Säugling. »Das macht man nur bei Kasseler.«

Ich nahm meinen Mantel und ging. Vierzehn Tage später mußte ich wieder zum Arzt. Das Wartezimmer war bis auf den letzten Platz besetzt. Wie gewöhnlich herrschte Grabesstille. Ich rechnete aus, daß vierzehn Patienten vor mir drankamen. Nachdem ich eine Weile in einer Damenzeitschrift geblättert hatte, beugte ich mich etwas vor und sprach eine Dame auf dem Stuhl gegenüber an:

»Wie kommt es eigentlich, daß man keine Wurst in Ringen mehr kaufen kann?«

Schlaflosigkeit

Schlaflosigkeit ist ein furchtbares Übel – besonders, wenn sie nachts auftritt. Und das ist bei mir der Fall. Tagsüber habe ich überhaupt keine Schwierigkeiten. Meinen Mittagsschlaf halte ich gemütlich im Schreibtischsessel zurückgelehnt. Wenn das Telefon sich benimmt und nicht klingelt, kann ich so, die Hände über dem Bauch gefaltet, ohne weiteres bis zu einer Stunde schlafen.

Auch abends vor dem Fernseher genehmige ich mir so manches Nickerchen. Und nach dem Kaffeetrinken schlafe ich regelmäßig ein kleines Viertelstündchen, wenn ich mit den Tageszeitungen im Ecksofa sitze.

Aber wenn ich zu Bett gegangen bin? Unmöglich, ein Auge zuzumachen. Sämtliche alten Hausmittel habe ich ausprobiert. Bei mir schlagen sie einfach nicht an. Wirkung gleich Null. Die Sache mit dem Schäfchenzählen ist keinen flachen Heller wert. Wenn ich so daliege und zähle, gehen meine Gedanken andere Wege. Ich kann nicht einfach eine Herde Schafe über den Zaun springen lassen, während ich mich langsam dem Reich des Schlafes nähere, sondern ich beginne dann damit, die Schafe umzugruppieren, weil mich die Sache sonst langweilt. Manchmal lasse ich sie in Gruppen zu sechst oder auch zu zwölft über den Zaun springen, manchmal erhöhe ich in Gedanken den Zaun um einen Meter, so daß die Schafe keine Chance haben, darüber hinwegzuspringen! Dann herrscht Ratlosigkeit unter den Tieren, und ich muß ihnen einzeln hinüberhelfen. Manchmal erhöhe ich den Zaun sogar bis zur Höhe eines Hühnerzauns, und das schaffen die Schafe dann überhaupt

Meinen Mittagsschlaf halte ich gemütlich im Schreibtischsessel zurückgelehnt. Auch abends vor dem Fernseher genehmige ich mir manches Nickerchen . . .

nicht, selbst beim besten Willen nicht. Dann sehe ich keinen anderen Ausweg, als meiner Schafherde einen weg *unter* dem Hühnerzaun hindurch zu graben.

Es kommt auch vor, daß ich in Gedanken eine Leiter hole. Dann lasse ich die Schafe die Leiter hinaufklettern, und dabei entstehen viele komische Situationen, so daß ich vor Lachen gluckse, bis Marianne sich im Bett umdreht und fragt, ob es nicht bald an der Zeit sei, mich schlafen zu legen. Und danach kann ich natürlich erst recht nicht einschlafen, sondern liege da und bin eingeschnappt. Als professioneller Humorist müßte es einem doch wohl gestattet sein, sich auch nachts ein wenig zu amüsieren, in seinem eigenen Bett. Ohne daß sich jemand einmischt.

Ich kann eine ganze Nacht wach liegen und dabei mit den merkwürdigsten Ideen experimentieren, um die Schafe über meinen Zaun zu bekommen. Eines Nachts goß ich den Zaun aus Stahlbeton. Ich mußte ihn mit Dynamit wegsprengen, damit die Schafe weiterkonnten. In dieser Nacht konnte ich kein Auge zumachen.

Nein, solche alten, ausgetretenen Pfade wie Schäfchenzählen kann ich nicht gehen. Einer meiner Bekannten hat dagegen eine angeblich unfehlbare Methode.

Er dreht die Dusche im Badezimmer ein wenig auf und stellt einen Ventilator an, so daß eine leichte Brise ihn umweht. Dann kriecht er in die Koje und stellt sich vor, daß er auf einer einsamen Insel im Stillen Ozean liegt und dem Brausen der Brandung zuhört. Das Geräusch entspannt ihn, und bald danach versinkt er in tiefen Schlaf. Ich habe seine Methode ausprobiert, aber wenn ich mir vorstelle, daß ich am Strand einer einsamen Insel im Stillen Ozean liege, dann dauert es meist

. . . aber wenn ich zu Bett gegangen bin?
Unmöglich, ein Auge zuzumachen.

nicht lange, bis es mir langweilig wird. Dann lasse ich ein schönes Hula-Mädchen sich in einem Kanu der Insel nähern und es an Land gehen und mir einen Blumenkranz um den Hals legen, wonach es dann zur Musik von singenden Hawaiigitarren und Ukulelen mit schwingenden Hüften Hula-Hula für mich tanzt.

Um noch mehr Spannung hineinzubringen, lasse ich vielleicht ein paar eingeborene Medizinmänner auftauchen, die das Mädchen entführen, um es ihrem Feuergott zu opfern. Ich aber springe dann ins Kanu und paddle den Medizinmännern hinterher, die dann mit vergifteten Pfeilen auf mich schießen, und dann werfe ich mich im Doppelbett hin und her, um nicht getroffen zu werden, worauf Marianne mir auf die Schulter klopft und fragt, ob ich nicht bald schlafen wolle, »anstatt so zu rotieren«!

Schlafen? Ich? Jetzt?

Ich?

Jetzt?

Wie in aller Welt soll man schlafen können, wenn man so viel um die Ohren hat und in derart dramatische Begebenheiten verwickelt wird, wie es bei mir Nacht für Nacht der Fall ist, Erlebnisse, die volle Konzentration und absolute Wachsamkeit erfordern!

Ein anderer meiner Bekannten gab mir einen Tip, der seiner Meinung nach todsicher war. Wenn er vor lauter wirren und ablenkenden Gedanken nicht schlafen konnte, stellte er sich eine große, schwarze Tafel vor. Und wenn ihm dann ein Gedanke kam, zum Beispiel, daß er nicht vergessen durfte, am nächsten Tag seine Steuern zu bezahlen, schrieb er den Gedanken auf die schwarze Tafel, um ihn im gleichen Moment, als er an der Tafel stand, mit einem nassen Schwamm wieder wegzuwischen! Aus und vorbei! Raus aus dem System! Jeder neu auftauchende Gedanke wurde an die Tafel geschrieben – und sobald sie dort geschrieben standen, wischte er sie konsequent wieder ab, bis er zum Schluß nicht mehr fähig war, weitere Gedanken zu produzieren, sondern ganz ruhig eindämmerte und bis zum nächsten Morgen wie ein Stein schlief.

Auch die große, schwarze Tafel habe ich ausprobiert. Erst zähle ich eine Herde Schafe. Dann zeichne ich die ganze Herde an die Tafel – und wische sie wieder ab. Dann versuche ich es mit dem Hula-Mädchen, dieser süßen, kleinen Krabbe, ich bringe es kaum fertig, sie abzuwischen, aber weg muß sie. Der Schwamm läßt sie verschwinden. Weg.

Dann kommen die Medizinmänner an die Tafel, ich wische sie weg. Dann kommt vielleicht ein Mahnbrief vom Finanzamt, ich wische ihn weg, dann ein paar blökende Schafe, weg, und dann kommt plötzlich ein großes Stück dunkles Vollkornbrot mit Leberpastete und gebratenem Speck und großen Zwiebelringen; auch das wische ich wieder weg. Dann ist das Hula-Mädchen wieder da, ich lasse es ein bißchen mit den Hüften wackeln, bevor ich es wegwische, worauf das leckere Brot mit Leberpastete, Speck und Zwiebeln wieder erscheint, ich wische es nochmals weg. Stur und widerborstig kommt es aber immer wieder auf meine Tafel.

Am Ende bleibt mir nichts anderes übrig, als aufzustehen, in die Küche zu gehen, aus dem Kühlschrank die notwendigen Ingredienzien zu holen und das Nachtessen Wirklichkeit werden zu lassen – und es wieder auszurotten. Ich rotte auch ein Bier oder sogar zwei aus. Und vielleicht ein Schnäpschen. Und ein paar Käseschnitten.

Und in den meisten Fällen höre ich dann plötzlich eine weibliche Stimme von der Tür her:

»So, also *hier* verbringst du die Nacht! Anstatt zu schlafen, damit du dich morgen früh frisch und ausgeruht an die Schreibmaschine setzen kannst!«

Ich habe keine Lust, mich zur Tür umzudrehen, um nachzusehen, wem die Stimme gehört. Dem Tonfall nach jedenfalls nicht dem Hula-Mädchen.

Das hätte schön werden können. Am Nachtessen wäre es jedenfalls nicht gescheitert.

Blondinen aus Beirut

Wir leben wahrhaftig in einer närrischen Welt. Für anständige Leute ist kaum noch Platz. Unglaublich, wie leicht man plötzlich in etwas Unangenehmes verwickelt werden kann! Wer würde glauben, daß man mich des Handels mit weißen Sklavinnen, der Entführung, des Schmuggels und des Drogenhandels beschuldigte! Mich! Einen aufrechten Bürger, der seine Steuern, Versicherungsprämien, Hypothekenschulden stets pünktlich bezahlt und auch allen anderen Verpflichtungen ordentlich nachkommt! Außer einem Strafzettel für falsches Parken bin ich der Gesellschaft noch nie etwas schuldig geblieben.

Aber ich weiß wirklich nicht, wohin das noch führt und wo diese Welt enden wird. Es war ungefähr halb zehn Uhr abends. Ich saß, die Hände über dem Bauch gefaltet, in meinem Lieblingssessel und war ein bißchen eingenickt. Plötzlich weckte mich der Knall eines Schusses. Unmöglich, dachte ich und klopfte mir die Zigarrenasche von Hemd und Krawatte. Dann erschrak ich jedoch halb zu Tode – vor mir in dem schwach erleuchteten Wohnzimmer stand ein unheimlich aussehender Mann, der eine rauchende Pistole in der Hand hielt. Ich dachte an meine Frau, meine Kinder und Enkel. Zum Glück war Marian nicht zu Hause. Sie war in der Abendschule, wo sie einen Französischkurs belegt hatte, und daher in Sicherheit. Unser jüngster Sohn war im Sportverein beim Handballspielen. Ich war allein im Haus.

Ein Schauer lief mir den Rücken hinunter, und ich fröstelte. Allein im Haus – das war das Schlimmste daran.

Er packte die Pistole fester und kam einen Schritt näher . . .

»Also, du falscher Hund«, sagte der Pistolero höhnisch. »Fang an zu singen! Wo ist es?«

Wenn er auf Geld aus war, konnte ich ihm nicht viel geben. Es war kurz vor Monatsende, und mehr als einen Fünfziger hatte ich nicht mehr. Ich wagte nicht, ihn mit der Mitteilung zu erschrecken, daß ich nur so lächerlich wenig Bares hatte. Er war der Typ, der dann Amok laufen und mir mit dem Pistolengriff den Schädel einschlagen – siebzehnmal auf mich eindreschen würde, bis ich umfiel und nie wieder aufstand.

Zum Glück wechselte er das Thema, ohne die Antwort auf seine erste Frage abzuwarten.

»Und Shirley«, zischte er, mich aus abstoßend wilden Augen anstarrend. »Du hast sie einfach für dich behalten, du kleiner Kriecher.«

Noch nie hatte es jemand gewagt, so mit mir zu sprechen. Ich habe nichts dagegen, daß manche Leute mich einen mürrischen Tölpel nennen, aber das war zuviel! Ich legte die Hände auf die Armlehnen und schickte mich an, aufzustehen.

»Entspann dich, Freundchen! Wenn du auch nur mit einer Braue zuckst, geht das Ding hier los, und du holst dir eine schlimme Bleivergiftung. Ich will die Wahrheit hören! Der Boß wartet draußen, und er ist nicht besonders geduldig. Wenn du das Geld eingesteckt hast, das du für die Blondinen kassiert hast, die nach Beirut geliefert wurden, dann hast du leider die Sonne zum letztenmal aufgehen sehen.«

Er packte die Pistole fester und kam einen Schritt näher.

Ich fühlte, wie sich mir die Nackenhaare sträubten. Schweiß brach mir auf der Stirn aus. Meine Ohrläppchen und meine Wangen glühten; man hätte Spiegeleier darauf braten können. Meine Knie klapperten wie andalusische Kastagnetten.

»Zum letztenmal, Freundchen: Wo sind sie, die Päckchen mit dem weißen Pülverchen? Der Boß möchte wissen, ob du sie vielleicht behältst, anstatt sie an Alfred weiterzugeben. Du hältst uns hin, und wenn du nicht ganz schnell anfängst zu reden, werde ich dich erst verlassen, bis du kalt genug bist, um begraben zu werden. Befehl vom Boß.«

Ich wischte mir mit dem Handrücken den Schweiß von der Stirn, und er klatschte auf den Teppich. Dann schluckte ich einen halben Liter Speichel, leckte mir über die trockenen, aufgesprungenen Lippen und hob die Hände, während ich mit gebrochen klingender Stimme bettelte: »Schießen Sie nicht! Um Himmels willen, schießen Sie nicht!«

Im selben Moment hörte ich das Jaulen einer Polizeisirene. Der Pistolero geriet in Panik – und schoß.

Peng!

Peng!

Peng!

Ich konnte mich nicht rühren. War vor Angst wie gelähmt. Nach ein paar Sekunden hatte ich genug Kraft gesammelt, um aufzustehen und in die Diele zu taumeln, wo ich Marian in die Arme fiel. Sie war eben vom Französischunterricht nach Hause gekommen.

»Was ist denn los? Du siehst ja furchtbar aus. Hast du dir wieder einmal im Fernsehen einen von diesen grausigen Filmen angesehen? Wie oft soll ich dir noch sagen, du darfst das nicht tun, wenn du allein zu Hause bist. Du weißt, daß deine Nerven das nicht aushalten. Also, was hast du gesehen?«

»Na ja, also, da war dieser Gangster, der das Geld be-

»**W**as ist denn los? Hast du dir wieder einmal im Fernsehen einen von diesen grausigen Filmen angesehen?«

halten wollte, das der Mafia-Boß ihm gegeben hatte, damit er eine Schiffsladung Blondinen aus Beirut nach Südamerika bringen konnte – es ging um Sklavenhandel mit Weißen –, und er nahm sich auch ganz cool das Mädchem vom Boß und riß sich eine Ladung Kokain unter den Nagel … Es war ziemlich aufregend. Ich hab's auf Video aufgenommen, möchtest du's sehen?«

Die Antwort klang desinteressiert. »Nein, besten Dank.«

Ein Jammer. Ich hätte mir nämlich gern die erste halbe Stunde angeschaut, die ich verschlafen habe. Ich hätte zu gern gewußt, ob an dieser Shirley, der Braut vom Mafia-Boß, was Besonderes war.

Der witzige Mann

Ich war zu einer Gesellschaft eingeladen, an der auch einer unserer witzigsten Revuekomiker teilnehmen sollte, ein Mann, von dem es hieß, daß er eine ganze Gesellschaft ununterbrochen zum Lachen bringen könne. Ich war sehr erstaunt, eine wie ernste Miene er bei seiner Ankunft zeigte.

»Verzeihung«, begann er und wirkte noch ernster, »daß ich so spät komme, aber meine Schwiegermutter ist gestorben.«

Die ganze Gesellschaft schwieg plötzlich betreten.

»Ja, aber«, meinte die Gastgeberin, »wäre es dann nicht besser, wenn Sie nach Hause gingen und . . .«

»Nein«, erwiderte er, »Schwiegermutter starb 1969.«

Einen Augenblick herrschte Stille. Dann plötzlich schrien alle vor Vergnügen, was ich äußerst taktlos fand, denn mit dem Tod eines Menschen sollte man keinen Spaß treiben.

Der witzige Mann setzte sich auf einen freien Platz an dem Tisch neben mich. Der Gastgeber bot ihm einen Kognak an, da sprang er auf, lief zum Telefon und riß den Hörer hoch.

»Hallo?« rief er in die Muschel. »Hallo?«

»Es hat gar nicht geklingelt«, bemerkte ich.

Der Komiker sah mich an, als wäre ich von allen guten Geistern verlassen.

»Nein«, sagte er, »ich weiß, aber warum soll man immer bis zum letzten Augenblick warten?«

Ich wollte ihn gerade auf den abgedrochenen Humor seiner Bemerkung aufmerksam machen, kam aber nicht zu Wort, weil alle Gäste in lautes Gelächter ausbrachen.

»Verzeihung«, begann der witzige Mann, »daß ich so spät komme, aber meine Schwiegermutter ist gestorben!«

Erst als der Witzige Zucker in seinen Kaffee tat, wurde es wieder still am Tisch. Gespannt verfolgten alle, wie er ein Stück nach dem anderen hineinwarf. Wir waren mäuschenstill, bis er vierzehn Stücke in seinen Kaffee getan hatte und zu trinken begann.

»Wollen Sie nicht umrühren?« fragte ich.

Da beugte er sich zu mir und zog mich ganz nah ran. »Nein, ich hasse süßen Kaffee.«

Ein dröhnendes Gelächer erscholl von allen Seiten. Und wieder konnte ich nicht die Komik darin sehen, denn es gibt doch viele Leute, die keinen süßen Kaffee mögen. Der Komiker guckte mich einen Augenblick an und meinte:

»Sie mögen vielleicht Süßigkeiten?«

»Ja, sehr gern.«

»Auch Honig?«

»Auch Bienenhonig?«

»Ja, herrlich ... zu Tee und selbstgebackenem Weißbrot.«

Wie angenehm, daß der Mann auch über ganz alltägliche Dinge sprechen konnte.

»Vielleicht wollen Sie gern echten deutschen Heidehonig kaufen? Sie können ihn ganz billig kriegen.«

Ich war Feuer und Flamme, wie immer, wenn es um ein gutes Geschäft geht. »Was kostet der Honig?« fragte ich.

»Sie kriegen ihn für fünf Mark das Kilo, es eilt nicht ... ich habe nämlich nur eine Biene!«

Wieder explodierte die Gesellschaft vor Lachen. Ich dagegen fühlte mich peinlich berührt, denn es war doch wirklich nett von ihm, daß er mir den Honig so billig beschaffen wollte. Plötzlich ballte er die Hand zu einer Faust und hielt sie über den Tisch.

Als ich seinen Schlips bis zum Knoten abgeschnitten hatte, langte er nach der Schlagsahne und klatschte sie mir voll ins Gesicht . . .

»Was habe ich in meiner Hand?« fragte er.

»Eine Schachtel Streichhölzer«, riet die Gastgeberin.

Ein junges Mädchen grinste. »Ein Elefant!«

Da öffnete der witzige Mann seine Hand einen kleinen Spalt, guckte hinein und sagte: »Ja, und welche Farbe?«

Wieder fielen alle vor Lachen fast von den Stühlen, aber ich fand, es wäre lustiger gewesen, wenn er gesagt hätte: Die Hand ist leer! Dann hätte er uns nämlich alle zum Narren gehalten. Der Gastgeber erhob sich und bat den Komiker, zwei Minuten mit seinen Witzen zu warten, da er eben zur Toilette müsse und nichts versäumen wolle. Als er gegangen war, begann der Komiker, seinen Hosenschlitz aufzuziehen. Ich wies ihn schnell darauf hin, daß sich das in Gesellschaft von Damen nicht gehöre.

»Oje«, meinte er ganz verwirrt, »ich war der festen Meinung, daß ich selbst es war, der eben zur Toilette mußte.«

Alle prusteten vor Lachen, und das junge Mädchen mit dem Elefanten fand das »echt crazy».

»Crazy«, begann ich, denn mir fiel eine urkomische Nummer ein, die ich einmal in einem Zirkus gesehen hatte, »jetzt will ich Ihnen mal was crazy vorspielen, wirklich super-crazy!«

Erwartungsvoll schwieg die Gesellschaft, und der Komiker sah ganz neidisch aus. Er hatte wohl nicht gedacht, daß auch andere Leute witzig sein könnten. Der Gastgeber kam zurück, und alle riefen, er solle sich schnell setzen, denn nun käme ich mit einer komischen Nummer. Als es ganz still war, nahm ich eine Schere – und schnitt den Schlips des Komikers direkt unterm Knoten ab. Dann platzte ich los und schlug mir auf die Schenkel vor Begeisterung, das war doch enorm crazy.

Aber das schienen die anderen nicht zu finden. Alle blieben ganz ernst und still, und der Gastgeber meinte, das sei kein crazy Humor, sondern Slapstick.

»Ja, aber was versteht man dann unter ›crazy‹?«

»Das will ich Ihnen zeigen«, fiel der Komiker ein, ergriff die Schüssel mit Schlagsahne und schleuderte sie mir ins Gesicht. »Sie müssen wirklich entschuldigen«, erklärte er dann, »aber ich dachte, Sie wären die Kirschtorte!«

Das Luxus-Nachthemd

Ja, hallo, hier spricht Willy Breinholst. Ich war kürzlich bei Ihnen im Geschäft und kaufte ein Strandkleid. Mit langen Ärmeln. Und darunter ein eingenähter Bikini. Hundertvierundfünfzigeinhalb. Ja, einschließlich Bikini . . . Nein, nein. Für meine Frau.

Sie macht gerade Ferien an der See; wir vereinbarten beim Kauf, daß ich das Kleid notfalls umtauschen könne, wenn es ihr nicht gefallen sollte. Und gefallen hat es ihr leider überhaupt nicht. Und der Bikini auch nicht. Sie hat mir die Klamotten postwendend zurückgeschickt, ja.

Nun ist es leider so, äh . . . Ja, hier ist Willy Breinholst.

Ja, also . . . verstehen Sie? . . . auf der Rechnung wurde auch ein Luxus-Nachthemd mit einer Schmuckschleife aufgeführt. Dreihundertvierundsechzig Mark, ja. Wenn meine Frau nun nächste Woche zurückkommt, will sie das Sommerkleid umtauschen, verstehen Sie? Und dazu braucht sie dann die Rechnung.

Und das Luxus-Nachthemd . . . Tja, sehen Sie, das hatte ich für meine alte Tante gekauft, die freut sich ja auch, wenn sie mal etwas Hübsches geschenkt bekommt, nicht wahr? Nur – meine Frau kennt die alte Dame nicht so gut wie ich, falls Sie verstehen, was ich meine? . . . Ja, ja, gewiß . . . Wie bitte? . . . Gut, dann verbinden Sie mich bitte weiter.

Hallo? Ja, hier spricht Willy Breinholst, Strohwitwer. Sehen Sie, meine Frau möchte nun das Strandkleid umtauschen, das ich kürzlich bei Ihnen kaufte. Es gefällt ihr nicht so richtig, es paßt auch nicht ganz. Die Größe . . . Es paßt ihr aber vor allem auch vom Preis her nicht.

»Was . . . was sagen Sie da? Buchhaltung? Was soll ich denn in Ihrer Buchhaltung?«

Hundertvierundfünfzigeinhalb. Das ist, wenn ich so sagen darf, eine schöne Stange Geld ... Reklamationsabteilung? ... Gut, dann geben Sie mir die Reklamationsabteilung!

Hier ist Willy Breinholst ... Also um eine lange Sache kurz zu machen, nächste Woche erscheint meine Frau bei Ihnen mit einem völlig schwachsinnigen Sommerkleid, das ich kürzlich bei Ihnen kaufte. Dazu brauche ich eine andere Rechnung. Ohne diesen kessen Luxus-Nachtfetzen, den Sie da auf die Rechnung geknallt haben. Die Rechnung soll auf hundertvierundfünfzigeinhalb lauten, weg mit den dreihundertvierundsechzig Mark inklusive Mehrwertsteuer und ohne Bar-Rabatt, zum Donnerwetter! Es würde mich meine Gesundheit und meine heilen Knochen kosten, falls meine Frau ... Was sagen Sie? Bar-Rabatt geben Sie ohnehin nicht? Na schön, dann nicht. Mir geht's ja auch nicht um den Rabatt, streichen Sie sich die paar Mark getrost ans Schienbein ...

Hören Sie zu: Wie war ihr Name? Mortensen? Gut, Herr Mortensen, mein Name ist Breinholst. Kann ich mit Ihnen von Mann zu Mann ein offenes Wort reden? Sind Sie jemals Strohwitwer gewesen? Na ja, dann wissen Sie Bescheid. Da geht eben manchmal etwas durcheinander und drüber und drunter und so weiter und so weiter. Hab' ich recht? Na also! Man lebt ja nur einmal. Genau! Sage ich ja! Genau! Also, man wirft doch auch in meinem Alter einen Blick auf das junge Gemüse auf zwei Beinen, stimmt's? Und hinterher? Na ja, da ist dann eben etwas fällig. Zum Beispiel ein Luxus-Nachthemd mit Schleifen und Spitzen, klar?

Dreihundertvierundsechzig, ganz recht.

Und der Betrag steht auf der Rechnung, aber das soll

er eben nicht, verflixt noch mal. Überhaupt nicht. Keine schlaffe Mark soll darauf stehen von einem Nachthemd.

Bar-Rabatt? Nein, nein, nein! Ich weiß, daß Sie den nicht einräumen! Will ich auch gar nicht haben, behalten Sie die paar Mäuse. Was . . . was sagen Sie da? Buchhaltung? Was soll ich denn in Ihrer Buchhaltung?

Hören Sie zu, Herr Mortensen, ich möchte nun wahrhaftig nicht noch mit Ihrer Buchha . . . Hallo? Buchhaltung? Nein, nein! Mir geht es nicht um den Bar-Rabatt! Will ich ja gar nicht haben. Gerade habe ich Ihrem Geschäftsführer, Herrn Mortensen, ganz klipp und klar und deutlich gesagt; daß ich . . .

Hören Sie zu, mein Fräulein: Ich habe bei Ihrer elenden Schwindelfirma angerufen, weil meine Frau . . . I wo, ich rege mich nicht auf! Kein bißchen rege ich mich auf! Ich sage doch nur . . . Was? Sache der Direktion? Sagen Sie Ihrem Direktor, er soll mich am Ah . . . ah . . . ah . . . ich möchte doch nur mit einem vernünftigen Wesen reden, das mich endlich einmal ausreden läßt und mich nicht weiterverbindet . . . bleiben Sie ganz ruhig, mein Fräulein! Ich bin es ja auch . . .

Sie sprechen mit Willy Breinholst. Ich habe da ein ernstes Problem mit einer Rechnung, die versehentlich zwei Beträge . . . Nein, nein! sage ich. Da läuft einem doch die Galle übers Hemd! Wer ist denn da? Direktion? Direktor Schulz persönlich? Gut, daß ich Sie endlich zu fassen kriege!

Hören Sie jetzt gut zu, und wenn Sie mich unterbrechen sollten, bin ich morgen früh bei Ihnen und sprenge Ihren ganzen Saftladen kreuzweise in die Luft!

Die Sache ist folgende: Kürzlich kaufte ich bei Ihnen ein Strandkleid. Ein Strandkleid für hundertvierundfünfzigeinhalb inklusive Brüsseler Spitzen.

»Wenn Sie mich unterbrechen sollten, bin ich morgen früh bei Ihnen und sprenge Ihren ganzen Saftladen kreuzweise in die Luft . . .«

Was sagen Sie da? Sie führen überhaupt keine Strandkleider? Unsinn! Hier steht klar und deutlich auf der Rechnung: 1. Ein Strandkleid. 2. Luxus-Nachthemd, macht zusammen genau ... BEZAHLT! Betrag dankend erhalten. Riesig & Plemm. Wieso? Was? Ich bin gar nicht mit Riesig & Plemm verbunden? Ja, mit wem denn, verflucht und zugenäht? Mit Porzellan-Lattinski? So ein Malheur! Ja, ja, die Post! Nicht einmal die Telefonleitung verlegt sie vernünftig, diese Deppen!

Auf wen kann man sich heutzutage eigentlich noch verlassen?

Hast du meine Brille gesehen, Marianne?

Ich lehnte mich im Schreibtischstuhl zurück, um mit der nervenaufreibenden Tagestätigkeit zu beginnen. Ich hatte bereits etwas in der Stadt zu erledigen gehabt, und so wurde es langsam wirklich Zeit, anzufangen. Ich schob die Schreibmaschine zurecht, stopfte meine Autobrille in die Brusttasche und begann in den vielen Manuskripten auf dem Schreibtisch zu wühlen.

»Fräulein Hansen«, sagte ich, »haben Sie meine Lesebrille gesehen? Ohne meine Lesebrille kann ich nicht schreiben.«

Fräulein Hansen antwortete nicht. Sie hielt gerade Frühstückspause und war in eine Illustrierte vertieft; daß sie meine Frage nicht beantwortete, verstieß nicht einmal gegen die Tarifbestimmungen.

»Oder«, wiederholte ich sarkastisch, »haben Sie vielleicht Ihr Hörgerät nicht dabei?«

»Wie bitte?«

»Ach, ich wollte nur wissen, ob Sie meine Brille gesehen haben.«

Das hatte sie nicht.

»Haben Sie sie vielleicht aufgesetzt?« fragte sie hilfsbereit. Und zum fünften oder sechsten Mal ließ ich meine Hand übers Gesicht gleiten.

»Nein«, stellte ich definitiv fest, »ich habe sie nicht aufgesetzt. Und auf meinem Schreibtisch liegt sie auch nicht.«

»Wo war die Brille, als Sie sie zum letzten Mal gesehen haben?«

»Auf.«

»Worauf?«

Sie blickte mich verständnislos an.

»Als ich sie das letzte Mal gesehen habe, war sie auf meiner Nase. Jetzt ist sie weg. Spurlos verschwunden.«

»Dann suchen Sie sie doch.«

Ich schenkte ihr einen dankbaren Blick.

»Das ist eine ausgesprochen gute und kreative Idee«, antwortete ich. Dann erhob ich mich, um nach der Brille zu fahnden. Ich suchte im gesamten Arbeitszimmer. Sogar im Papierkorb. Die Brille fand ich nicht. Es blieb mir nichts anderes übrig, als nochmals an Fräulein Hansens Hilfsbereitschaft zu appellieren, auch wenn gerade Frühstückspause war.

»Fräulein Hansen«, sagte ich, »seien Sie doch bitte so lieb und helfen Sie mir, diese blöde Brille zu finden. Haben Sie sie denn nicht an irgendeiner blödsinnigen Stelle rumliegen sehen?«

»Doch, natürlich. Oft genug. Nur gerade heute nicht. Haben Sie in der mittleren Schreibtischschublade nachgesehen?«

Das hatte ich.

»Und in den Innentaschen?«

Dort hatte ich ebenfalls bereits gesucht.

»Die Gesäßtasche?«

»Man steckt keine Brille in die Gesäßtasche.«

Marianne erschien mit einem Gießkännchen, um die Blumen im Arbeitszimmer zu gießen.

»Hast du meine Brille gesehen?«

»Nein . . . hast du sie nicht auf?«

Schon bewegte ich meine Hand nach oben, konnte mich aber gerade noch bremsen.

»Hilf mir doch bitte beim Suchen.«

Marianne blickte sich ratlos um.

»Es dürfte schwer sein, in dieser unchristlichen Un-

»Fräulein Hansen«, sagte ich, »haben Sie meine Lesebrille gesehen? Ohne meine Lesebrille kann ich nicht schreiben.«

ordnung überhaupt etwas zu finden«, sagte sie. Das war so etwa die Antwort, die ich erwartet hatte.

»Du hast sie doch in der Brusttasche«, fuhr sie fort.

»Nein, das ist die zum Autofahren.«

»Und die dort im Regal?«

»Das ist meine Sonnenbrille. Gib mir doch einen Tip ... nenn mir einen Ort, an dem ich noch nicht nachgesehen habe.«

»Hinter den Bildern?«

»Natürlich habe ich da nicht nachgesehen. Da ist sie nicht.«

»Wie kannst du das wissen, wenn du nicht nachgesehen hast?«

»Weil man eine Brille nicht hinter ein Bild steckt. Darum. Aber gut, wenn ihr keine Lust habt, mir zu helfen, ich werde sie schon selbst finden.«

Ziemlich sauer verließ ich das Arbeitszimmer.

Zwei Minuten später hatte ich meine Brille gefunden. Sie lag auf der Ablage über dem Waschbecken im Badezimmer. Wenn ich mir das Gesicht wasche, nehme ich die Brille immer ab. Das habe ich mir im Laufe der Jahre so angewöhnt.

Schnell setzte ich sie auf und begab mich an meinen Schreibtisch, um die Post durchzusehen.

»Na«, meinte Fräulein Hansen, als sie ihre Illustrierte weglegte. »Haben Sie sie gefunden? Die Brille, meine ich.«

Ich nickte kurz. Immer noch war ich etwas verärgert darüber, daß ich aus meiner Umgebung niemals Hilfe bekam, wenn ich sie mal nötig hatte.

»Ich bin bald 48«, fuhr Fräulein Hansen fort, »und ich brauche Gott sei Dank noch keine Brille.«

Jetzt, da ihre Frühstückspause zu Ende war, hatte sie

offenbar massenhaft Zeit, sich mit dem Thema Brillen zu beschäftigen.

Ich blickte ihr fest in die Augen.

»Eine amerikanische Untersuchung hat ergeben, daß 66 Prozent aller Geistesarbeiter eine Brille mit korrigierenden Gläsern tragen. In der gleichen Untersuchung wird festgestellt, daß die Tatsache, eine Brille zu tragen, immer verbunden ist mit hoher Intelligenz, einem messerscharfen Gedächtnis und . . . Sagen Sie mal, wo ist denn meine Autobrille schon wieder? Vor fünf Minuten steckte sie noch in meiner Brusttasche. Oder war es vielleicht doch meine Fernsehbrille?«

Schnell faßte ich den Entschluß, weder meine Autobrille noch meine Fernsehbrille zu suchen. Sollte ich die Autobrille nicht finden, konnte ich immer noch öffentliche Verkehrsmittel benutzen. Und fand ich meine Fernsehbrille nicht, dann konnte ich – was ich früher schon getan hatte – den Sessel ganz nahe ans Gerät schieben und mit Hilfe von Mariannes Lupe versuchen, das Beste daraus zu machen. Marianne brauchte die Lupe nur, wenn sie mit ihrer Petit-point-Stickerei nicht ganz zurechtkam.

Statt dessen schob ich den Stuhl etwas zurück und legte die Beine auf den Tisch. Eine solche Stellung ist gut für den Kreislauf. Drüben am Fenster summten die Fliegen. Bei dem Geräusch döste ich vor mich hin. Ich lehnte mich etwas weiter im Stuhl zurück, faltete die Hände über dem Bauch . . . und zwei Minuten später schlief ich den Schlaf des Gerechten. In der Schreibmaschine steckte das schöne, weiße Blatt Papier, das ich gerade mit einer Einleitung versehen hatte, bevor ich eingeschlafen war. Man konnte lesen: KAPITEL 1: DIE STADT ERWACHT.

Ich selbst erwachte dadurch, daß Marianne an meiner Schulter rüttelte. Es war Zeit für den Kaffee. Fräulein Hansen hatte bereits eingeschenkt.

»Außer dir kenne ich keinen Menschen, der ohne seine Lesebrille nicht schlafen kann«, sagte Marianne.

Immer mit der Ruhe

Wenn man jahrelang glücklich verheiratet gewesen ist, wie es bei mir der Fall ist, kann man durchaus zwischendurch das Bedürfnis haben, ausspannen zu müssen. Für ein paar Tage möchte man aus der Tretmühle steigen, den täglichen Kleinkram vergessen und in Ruhe die frische Luft genießen, ohne daß sich jemand einmischt. Und als es sich neulich so glücklich ergab, daß ich geschäftlich etwas in Stockholm zu erledigen hatte, da fuhr ich also für etwa eine Woche hin.

Es war nicht mein erster Besuch in der schönen Stadt an den Schären, dem Venedig des Nordens, wie sie auch genannt wird. Vor etwa fünfzehn Jahren war ich schon einmal für eine Woche hingefahren. Es wurden damals allerdings nur anderthalb Tage. Am zweiten Tag erhielt ich einen Eilbrief von Marianne. Darin stand (wobei ich die etwas persönlicheren Bemerkungen und mehrere PS weglasse):

Mein Liebster, mein liebes, kleines Bärchen!

Du kannst Dir gar nicht vorstellen, wie sehr ich Dich vermisse. Es ist kaum auszuhalten, wenn ich daran denke, daß Du dort oben in der großen, blöden Stadt bist und auf den einen oder anderen falschen Weg geführt wirst, wobei Dir alles mögliche zustoßen kann, während ich hier zu Hause mutterseelenallein herumsitze. Nein, es ist wirklich nicht auszuhalten. So lange bist Du ja auch noch nie weggewesen. Mutter ist gekommen, um mir Gesellschaft zu leisten, aber ich kann mich nicht darauf konzentrieren, ihr richtig zuzuhören, wenn sie mir etwas erzählt. Ich denke nur an DICH! Morgen ist unser

»Du mußt unbedingt deswegen nach Hause kommen. Wir rechnen ganz bestimmt morgen, am Donnerstag, mit Dir. Gruß, Marianne.«

Hochzeitstag. Ich habe zur Feier des Tages eine prächtige, große Torte gebacken. Aber ich kann ihn doch nicht ganz ALLEINE feiern, oder? Kannst Du Dich mit Deinen Geschäften nicht etwas beeilen und bald nach Hause kommen? Bitte, Bärchen! Komm nach Hause! Deine einsame Marianne.

Und was tat ich daraufhin? Ich steckte den Brief ein und schickte Marianne umgehend ein Telegramm:

LIEBSTE STOP HABE ALLE BESPRECHUNGEN MIT SCHWEDISCHEN VERLEGERN ABGESAGT STOP KOMME MIT NÄCHSTER MASCHINE NACH HAUSE STOP BIN IN DREI STUNDEN DA STOP VERMISSE DICH STOP DEIN BÄRCHEN.

Dieses Mal, bei meinem zweiten Besuch in Stockholm also, erhielt ich ebenfalls einen Brief von Marianne. Der Inhalt jedoch war etwas anderer Natur. Ich las:

Dich kann man aber auch nicht auf Reisen schicken! Du hast Deine weißen Hemden nicht eingepackt, obwohl ich sie Dir so deutlich vor Deinen Augen zurechtgelegt hatte, daß man schon ziemlich viele Schrauben locker haben muß, um überhaupt vermeiden zu können, sie in den Koffer zu stopfen. Aber das ist es ja, was ich schon immer gesagt habe. Du kannst nicht von der Nase bis zum Mund denken. Mutter ist zu Besuch gekommen, sie hat auch nur den Kopf geschüttelt, als ich ihr die Hemden zeigte. Das sieht ihm absolut ähnlich, meinte sie. Hier war jemand, der Deine neue elektrische Schreibmaschine reparieren wollte, aber ich mußte den Mann wieder gehen lassen, denn da du nicht gesagt hattest, was damit los war, wollte ich ihn nicht irgend etwas reparieren lassen, was vielleicht gar nicht kaputt war. Du könntest Dir ruhig die Mühe machen, mir in solchen Fällen Bescheid zu sagen. Den Maurer habe ich auch wieder weggeschickt. Er sprach vom Schornstein und von einem Fenster, das zugemauert werden sollte. Davon wußte ich nichts. Wolltest Du mich vielleicht einmauern lassen? Das hätte Dir ähnlich gesehen. Meine Waschmaschine ist wieder kaputt. Die Schraube, die Du letztes Mal angezogen hast, muß sich wieder gelockert haben. Aber welche ist es? Ich kann sie nicht selbst wieder festschrauben, wenn ich nicht weiß, wo sie sitzt, oder? Du mußt nach Hause kommen und die Waschmaschine wieder in Ordnung bringen. Spätestens übermorgen muß ich unbedingt waschen. Am Auto stimmt etwas nicht. Es springt nicht an, egal, wie weit ich den Choke herausziehe. Kann es die Batterie sein, die ihren Geist aufgegeben hat, oder der Vergaser? Du mußt nach Hause kommen und es reparieren. Mehrere Redakteure haben angerufen. Sie sind sauer, weil Du ihnen keine Artikel abgeliefert hast, bevor Du abgereist bist. Du mußt nach Hause kommen und das erledigen. Ich habe es ihnen versprochen. Solche Sachen müssen doch zuallererst erledigt werden, bevor man in der Weltgeschichte herumfährt. Mutter erinnerte mich übrigens daran, daß wir am Freitag unseren Hochzeitstag haben. Ich werde mit ihr bummeln gehen und mir zur Feier des Tages ein paar schöne Kleider kaufen . . .

P.S.: Der Schornsteinfeger kommt am Freitag. Ich kann die Leiter zum Dachboden nicht herunterholen, und Du weißt ja, wie ärgerlich er wird, wenn nicht alles fertig ist. Du mußt unbedingt deswegen nach Hause kommen. Wir rechnen ganz bestimmt morgen, am Donnerstag, mit Dir. Gruß, Marianne.

Benny hatte noch etwas dazugeschrieben:

Hallo, Paps. Was soll das bedeuten, daß Du einfach abhaust, ohne die Chromrahmen für meine Pop-Stars fertigzumachen, wie Du es versprochen hattest? Die ganzen Sachen liegen noch überall im Hobbyraum verstreut, Rahmen und Glas und Glasschneider und alles. Und die eingerahmten Poster müssen an der Wand hängen, wenn ich am Freitag meine Geburtstagsparty feiere. Und außerdem hast Du mir versprochen, sie bis Freitag fertig zu haben, allerspätestens. Findest Du dann nicht auch, daß es gut wäre, schnellstens nach Hause zu kommen und die Poster zu rahmen? Ich habe immer gelernt, daß man auch halten muß, was man verspricht. Gruß, Benny.

PS: Hast Du die Finger an der Kopiermaschine gehabt? Gestern abend wollten ich und die Jungs die Schulzeitung drucken, aber diese idiotischen Transportrollen funktionieren nicht. Du mußt unbedingt sofort nach Hause kommen und die Maschine reparieren, die Schulzeitung muß am Freitag fertig sein.

Ich zerküllte den Brief und warf ihn in den Papierkorb. Dann begab ich mich zum nächsten Postamt, um ein Telegramm nach Hause zu schicken. Es lautete:

KEINE AUFREGUNG STOP IMMER MIT DER RUHE STOP KANN TERMINE MIT VERLEGERN NICHT ABSAGEN STOP KOMME MONTAG WIE BESPROCHEN STOP KEINE SEKUNDE FRÜHER STOP GRUSS PAPA

Als ich wieder im Hotel war und die Kopie des Telegramms ansah, fiel mir ein, daß die Sätze »Komme Montag wie besprochen« und »Keine Sekunde früher« vielleicht doch nicht ganz so gut durchdacht waren, wie ich es mir jetzt im nachhinein gewünscht hätte. Panik überfiel mich, und, nun ja, gut, also eine Stunde später saß ich im Flughafenbus Richtung Arlanda Airport.

Wenn ich ganz ehrlich sein soll, dann halte ich nicht viel von der Schnelligkeit der Post – dafür aber viel mehr von der Luftfahrtgesellschaft SAS, die mich blitzschnell nach Hause brachte.

Der Telegrammbote erschien erst mehrere Stunden nachdem ich die Leiter zum Dachboden heruntergezogen, die Transportrollen im Kopiergerät repariert, die Zündkerzen im Auto gewechselt, die Waschmaschine waschbereit gemacht und den Maurer angerufen hatte, um ihm zu sagen, daß er kommen könne, um den Schornstein neu zu verfugen.

Früher war die Jugend ganz ander als heute . . .

Ja wirklich, früher war die Jugend ganz anders als heute. Erschreckend, wie träge und unromantisch die jungen Leute von heute sind. Schon genug damit, daß es einem jungen Mann nie einfallen würde, einem Mädchen gegenüber galant aufzutreten. Aber daß sie überhaupt keinen Sinn für Romantik im Leben haben, das erscheint mir ein ebenso bedauernswertes wie höchst beunruhigendes Phänomen der heutigen Zeit. Wir fordern . . . wir fordern . . . das ist das einzige, was sie ständig rufen. Nur Romantik fordern sie nie.

Bei uns damals war das ganz anders. Neulich hatte ich Gelegenheit, mich an meine eigene gehaltvolle und, ich darf wohl sagen, tief romantische Jugendzeit zu erinnern, sie nochmals nachzuvollziehen. Meine Eltern und ich wohnten in den Ferien für ein paar Wochen in einer Sommerpension in einem kleinen Fischerdorf in der Nähe des Hafens. Das kleine Fischerdorf hieß Neubrück und war nach wenigen Bahnstunden zu erreichen. Es existiert noch heute, nur mit dem Unterschied, daß der Ort jetzt von Touristen und Badegästen überrannt ist. Und wo damals die Pension Sonnenschein lag, liegt heute eine riesige Bowlinghalle, eingequetscht zwischen mehreren pompösen Hotels, eines komfortabler, kälter und aufdringlicher als das andere.

»Wie wär's mit einem kleinen Ausflug zum Neubrücker Strand?« schlug ich eines Tages vor, als wir in unserem Sommerhaus saßen und uns langweilten, weil es nichts Spannendes im Fernsehen gab.

»Als junger Mann verlebte ich oft meine Ferien in

Neubrück«, erklärte ich Benny, unserem hoffnungsvollen Sohn. »Das ist jetzt eine Ewigkeit her, daß ich da war. Ich würde gern mal sehen, ob da noch etwas von der alten Stimmung geblieben ist.«

Marianne war sofort hell begeistert von dem Vorschlag. Benny war es ganz egal.

»Jedenfalls habe ich keine Lust, den ganzen Abend mit euch über einer Tasse Kaffee und einem Stück trockenen Sandkuchen irgendwo herumzuhängen«, meinte er gelangweilt, »aber vielleicht ist ja was los in der Bowlinghalle, oder ich treffe Bekannte in der Diskothek, also gut.«

Er fuhr mit. Wir erreichten Neubrück mit seinem Touristengewimmel und machten gleich einen Abstecher zum Hafengelände, hielten eine Zeit an der Mole und genossen die Aussicht aufs Meer. Marianne entdeckte eine Eisbude, wo man groß für »Eiswaffeln wie in der guten alten Zeit« Reklame machte. Wir schickten Benny hin nach ein paar riesigen Eiswaffeln mit Sahne und Kirschen und Schokoladenstreuseln. An der Bude hantierte unser Bengel so lange und ungeschickt mit den Riesenwaffeln herum, daß er gegen ein junges Mädchen rannte und ihr die eine Eiswaffel mit Schwung auf die Brust klatschte. Dieser Trampel, ungelenk war er schon immer. Seine Mutter kriegte einen Schock. Schnell öffnete sie die Autotür und lief mit einem sauberen Taschentuch rüber, um dem armen Mädchen den kalten, fettigen Brei abzuwischen.

»Hättest du nicht besser aufpassen können?« hörte ich sie auf Benny schimpfen. »Und dann stehst du einfach da, anstatt nach ein paar sauberen Papierservietten zu laufen!«

»Na ja, Mensch . . . man braucht doch eine Reaktionszeit.« Benny schlurfte zur Eisbude und holte einen Stapel Papierservietten, um die Brust des Mädchens wieder rein und hübsch zu machen. Der Anblick ließ nichts zu wünschen übrig, abgesehen von den Schokoladenstreuseln.

»Natürlich kommt es dir nicht in den Sinn, dich bei dem süßen Mädchen zu entschuldigen«, bemerkte ich nebenbei, als der Junge zum Wagen zurückkam.

»Aber da ist doch gar nichts passiert . . .«

»Zumindest könntest du der jungen Dame eine neue Eiswaffel kaufen.«

»Mann, das war doch gar nicht ihr Eis!«

»Ein wenig gute Manieren könntest du doch zeigen . . .«

»Mein Gott noch mal . . .«

Er bewegte sich schwerfällig auf die Eisbude zu und kaufte dem Mädchen ein Eis. Marianne ging kopfschüttelnd zum Auto zurück. Fünf Minuten später sahen wir Benny und das Mädchen grinsend und herumalbernd in Richtung Bowlinghalle verschwinden.

Wenn das in meiner Jugend passiert wäre; wenn ich mein Eis auf den Busen einer schönen Jungfrau geklatscht hätte . . . na, da hätte ich mir aber ein paar kräftige Ohrfeigen geholt. Das Mädchen hätte sich in tiefster Verachtung von mir abgewandt, und ich hätte mich über meine Ungeschicklichkeit zu Tode geschämt. Aber heutzutage . . . man kann über die heutige Jugend nur den Kopf schütteln.

Wir parkten den Wagen und ließen uns im nächsten besten Restaurant auf der Terrasse nieder, um unseren Nachmittagskaffee zu trinken. Mit Sandkuchen. Und Kognak. Und ein kleiner Aprikosenlikör für die Dame. Von der Terrasse hatten wir eine herrliche Aussicht über den kleinen Hafen und die Mole mit dem Leuchtfeuer. Ich erinnerte mich, wie ich in meiner frühen Jugend die lauen Sommerabende auf einer Bank weit hinten auf der Mole verbracht hatte. Ich sah Constanze vor mir, ein süßes, blondes Geschöpf. Hand in Hand hockten wir dort, während die schmachtenden Töne des Trios vom Strandpavillon den mondhellen Abend durchzogen, uns einlullten und der Szene den romantischen Hauch verliehen, wie es sich für eine späte Sommernacht gehört. Und ich flüsterte zärtliche Worte in ihre Ohren, die andächtig lauschten: »Niemals, Constanze . . . niemals habe ich ein Mädchen wie dich gesehen, meine Geliebte.« Oder so ähnlich. Worte, die wirklich zu Herzen gingen, Worte, die tief in die Gefühle der schönen Jungfrau eindrangen und sie ganz schwach werden ließen. Und mir fielen andere, ebenso herrliche Sommerabende im Mondschein ein, wo ich auf derselben Bank saß, schmuste und tief ergriffen hauchte: «Charlotte, mein Engel. Niemals . . . niemals habe ich ein Mädchen wie dich gesehen.« Oder etwas in der Art. Und ich dachte an einen anderen Abend, im Stadtpark, im August, wo ich mich flüsternd der jungen Schönheit an meiner Seite zuwandte: »Marianne, meine süße Marianne. Niemals . . . niemals habe ich ein Mädchen wie dich gesehen.«

Oder was man nun flüsterte, um seinem Ziel näher zu kommen. Ja, es war eine wunderschöne Zeit damals.

»Du guckst so abwesend, Mutti. Woran denkst du gerade? Und du, Vati . . . Herrje, wie komisch sitzt du denn da? Kriegst du keine Luft?«

Benny und das junge Mädchen von der Eisbude waren aufgetaucht. Sie setzten sich an unseren Tisch.

»Na, was habt ihr denn gemacht?« erkundigte ich mich.

»Wer? Ich und Gabi? Wir waren eben in der Bowlinghalle und haben uns die Arme ausgekugelt. Jetzt wollen wir zum LOVE IN, zur Diskothek, you know. Kannst du mir nicht ein bißchen Kleingeld rausrücken? So als Vorschuß aufs Erbteil?«

»Du hast bereits mehrmals Vorschuß bekommen . . .«

»Okay, dann lädt Gabi mich ein, nicht, Gabi?«

Das Mädchen nickte einverstanden.

»Die junge Dame soll doch nicht bezahlen, davon kann keine Rede sein«, sagte ich empört und legte Benny einen ansehnlichen Betrag hin. Er warf einen Blick auf seine Armbanduhr. Für die Diskothek war es wohl noch zu früh. Also saßen die beiden stumm da und stierten vor sich hin. Typisch die heutige Jugend.

»Was hast du eigentlich hier am Abend gemacht, als du jung warst?« wollte Benny plötzlich wissen. »Hast du im Zimmer gehockt und auf die Mattscheibe geglotzt, oder was?«

»Was du dir vorstellst, mein Junge! Fernsehen war damals kaum erfunden. Gott sei Dank. Nee, damals hatten wir Kapellmeister Lachner drüben im Strandpavillon. Er dirigierte ein erstklassiges Trio, Flügel, Violine und Cello, und sie spielten all die schönen alten Melodien, Mozarts Serenade, das Ave Maria, die Walzer von Strauß und Smetanas Moldau . . . all die wundervollen Stücke mit wirklicher Musik. Vor der Musiktribüne standen weißgestrichene Tische und Klappstühle auf den Kieselsteinen der Promenade, und da saßen wir bei Kaffee oder Brause und lauschten den Klängen, ganz berauscht von der Atmosphäre, der zauberhaften Stimmung. Und jeden Samstag trat eine berühmte Konzertsängerin auf . . .«

»Ach du Schreck!« Benny erschauderte geradezu.

»Hat man damals nicht getanzt?« fragte Gabi.

»Doch, am Sonntagabend spielte die Kapelle drinnen im großen Saal. Dann gab es ein Saxophon statt des Cellos und Schlagzeuginstrumente statt der Violine, und sie spielten den neuesten Foxtrott und all die schönen Melodien vom Radio-Wunschkonzert, ›Es war im Grunewald‹ und ›Veronika, der Lenz ist da‹ und viele andere beliebte Stücke, die ...«

»Und das Kino?« unterbrach mich Benny. »Haben sie da auch nichts Vernünftiges gegeben?«

Er hatte eine merkwürdige Art, seine Kommentare zu formulieren.

»Wir gingen ins GRAND oder ROXY. Holzsitze natürlich, 1,– DM im ganzen Saal, aber die Filme waren erste Qualität. Curt Goetz vergesse ich nie, mit Valérie von Martens, in ›Hokuspokus‹. Oder ›Ben Hur‹, das war ein phantastisches Erlebnis, als Nero die Christen den Löwen vorwarf ...«

»Ja, klingt toll. Aber Holzsitze ... ach du ahnst es nicht!«

»War das wirklich alles, was man Ihnen damals geboten hat?« fragte Gabi, »konnten Sie nichts anderes unternehmen?«

»Doch«, entgegnete ich, »natürlich spazierten wir an den langen Sommerabenden am Hafen entlang. Man hatte ein nettes Mädchen eingehakt, ließ sich vom Mond bescheinen und guckte den Fischern zu, die die Netze trockneten. Aber die Zeiten sind entschwunden. Alle Romantik ist gestorben. Jetzt gibt es nur noch Diskotheken, Lärm, Krawalle, Motorboote, Bowlinghallen, Surf-Riding, Papphähnchen, Chips, Frühlingsrollen, Drive-in-Kinos und Spielautomaten. Mir tut die heutige Jugend leid, die in ihren Ferien nicht weiß, was sie mit sich anfangen soll, und die nicht ahnt, was ihr alles entgeht.«

»Ja, ganz richtig«, nickte Marianne voller Mitgefühl.

Gabi hatte offensichtlich keine Lust mehr, ihre Zeit mit Mumien wie Marianne und mir zu verschwenden.

»Komm«, wandte sie sich an Benny, »jetzt können wir rüber. Ich glaube, die ›Crazy Gorillas‹ haben mit ihrer Show losgelegt.«

Benny erhob sich, und die beiden verschwanden in Richtung Diskothek. Wir blieben noch eine Stunde sitzen und beobachteten das Leben und Treiben am Hafen. Dann machte Marianne einen Vorschlag.

»Wollen wir nicht mal wieder zur Mole spazieren?«

Wir spazierten hinaus. Die Dämmerung war herabgesunken, und draußen an der Mole begegneten wir kaum einem Menschen. Als wir jedoch weiter hinaus zum Leuchtfeuer kamen, erblickte ich plötzlich Benny. Er saß auf meiner alten Bank, Hand in Hand mit Gabi, der Kleinen von der Eisbude. Bevor wir umdrehen und uns diskret zurückziehen konnten, hörte ich ihn mit eindringlicher Stimme sagen:

»Nun kennen wir uns schon ein bißchen, Gabi, da kann ich ja zugeben, daß ich die Eiswaffel mit Absicht auf dich geklatscht habe . . . wegen Kontakt und so, weißt du . . . Ehrlich, ich hab' noch nie so 'ne leckere Larve wie dich gesehen . . . und guck mal, der Mond. Einsame Spitze, Mensch!«